ESPASA
PRACTICO

2

¿SABES ESTUDIAR?

Método para aprobar a la primera

Javier Mahillo

ESPASA

ESPASA PRÁCTICO

Director Editorial: Juan González Álvaro
Editora: Constanza Aguilera
Diseño: Víctor Parra
Ilustraciones de interior: Muñoz & Krämer, Javier Muñoz
  y Elena Costa
Texto de ilustraciones: Javier Mahillo
Ilustración de cubierta: Gerardo R. Amechazurra

© Javier Mahillo, 1993
© Espasa Calpe, S. A., 1993

Primera edición: mayo de 1993
Segunda edición: noviembre de 1993
Tercera edición: enero de 1995
Cuarta edición: marzo de 1995
Quinta edición: septiembre de 1997

Depósito legal: M. 29.991-1997
ISBN: 84-239-8963-1

Impreso en España/Printed in Spain
Impresión: UNIGRAF, S. L.

Editorial Espasa Calpe, S. A.
Carretera de Irún, km 12,200. 28049 Madrid

A mi hijo Carlitos,
que, con tan sólo año y medio,
ya ha empezado a tomar apuntes
en las paredes.

ÍNDICE

Capítulo IV. Cómo estudiar en casa sin dormirse

Capítulo V. En qué consiste un buen resumen

Capítulo VI. El maravilloso invento de la «chuleta»

INTRODUCCIÓN

¡Hola! ¿Qué tal?

Antes de que te sumerjas en la lectura de este librito que tienes entre manos es mejor que te enteres de cómo y para qué lo he escrito.

Soy profesor de Filosofía desde hace unos cuantos años. Pero, hace otros cuantos años más, fui «estudiante» (o, al menos, eso decía yo...). Aunque la verdad es que no tenía ni idea de qué cosa era eso de estudiar. Y así me iba. Suspendiendo una media de tres o cuatro asignaturas por evaluación. Siempre con alguna recuperación pendiente. Repitiendo curso de vez en cuando. Y, por supuesto, veraneando año tras año con el libro debajo del brazo...

Cuando uno es pequeñito todo le parece un juego. Incluso lo que hace en el cole. Pero cuando va terminando sus estudios primarios, y pasa a cursar Enseñanza Media, se va dando cuenta de que algunos de sus compañeros de clase se aprenden las cosas con mucha más facilidad que otros. Lógicamente, sacan mejores notas, tienen más tiempo libre para divertirse, se sienten más orgullosos de sí mismos (sobre todo cuando oyen a sus padres contando a la vecina, con pelos y señales, las «insuperables» calificaciones que acaban de sacar...). Y, encima, reciben la bici de regalo, como premio por su «esfuerzo agotador».

Sin embargo, otros, aunque se sienten en clase

dos metros más allá, no tienen un pelo de tontos, y meten más horas «empollando» que Indiana Jones buscando el Arca perdida... No parece que les acompañe la suerte, porque se aburren inmensamente delante del libro, se distraen con el vuelo de media mosca, en clase no se enteran de nada (pese a que chillan continuamente eso de «¿puede repetir, que desde aquí no se oye bien?»). Y, como es lógico y natural, suspenden con admirable constancia (y, por supuesto, se quedan sin bici...).

La cosa es que cuando uno ve que, por más que se esfuerza en clase, se aburre miserablemente estudiando en casa, se desespera cada vez que ve las notas que ha sacado y hace heroicos propósitos de la enmienda, con lágrimas en los ojos... Sin embargo, la cosecha de calabazas continúa siendo excelente. Llega, tarde o temprano, a una de estas dos **«sabias» conclusiones**:

A) **Es que soy tonto** (como dice mi madre cada vez que le enseño las notas y me compara con el vecino del segundo —que es «listo»—). Y, por tanto, lo mejor es resignarme y dejar eso del estudio «para los que realmente valen».

B) **Estudiar no es lo mío.** Eso es de empollones que no valen para ligar o meter goles. Los que sacan buenas notas no son más que unos pobres infelices. Todo el día delante del libro como ratas de biblioteca, amargados y sin apenas salir de casa... En cambio, yo —qué «passo» de todo menos de curso— no apruebo ni una, pero qué bien lo paso riéndome en clase con los amiguetes, engañando a mis padres y copiando en los exámenes.... Lo mío no es el estudio. ¡Lo mío es la vida!

Yo también fui uno de esos alumnos a los que tanto sus padres como sus profesores atormentan a todas horas con eso de: «¡Estudia, que te van a suspender!» Y, después del suspenso: «¡Ves como te han suspendido por estudiar poco!» Como si de lo que se tratase para aprender fuera únicamente del **número de horas** que se esté en clase o delante del libro.

Pero, cuando estaba tentado de abandonar de una vez los estudios, tuve una gran suerte. En cierta ocasión, hablando de cómo estudiaba (o, para ser más exactos, de cómo perdía miserablemente el tiempo haciendo como que estudiaba...), alguien me dijo: «**Lo importante no es estudiar muchas horas sino aprovecharlas bien.**» Y esto me pareció tan maravillosamente utópico, que no le hice ni caso.

Sin embargo, después, gracias a su ayuda continuada, fui poniendo en práctica esa bonita frase que resume perfectamente toda una serie de técnicas y normas utilísimas para **estudiar de un modo racional.** Técnicas descubiertas y publicadas en el mundo entero, a lo largo de los años, en multitud de tratados sobre «la Pedagogía del aprendizaje», «el fracaso escolar», «las motivaciones y el esfuerzo intelectual», «el rendimiento en la comprensión», etc. Que popularmente se llaman: **Técnicas de Estudio.**

Pues bien. Cuando —frente a todo pronóstico de los profesores que tuvieron que soportarme— lle-

gué yo también a ser profesor, me dediqué con
especial interés a ayudar a los alumnos que, como yo
en mis viejos tiempos, no tienen ni idea de cómo
organizarse para **aprender más** y **sacar mejores
notas con menos esfuerzo.** Que de eso es de lo
que se trata...

Me daba —y me sigue dando— una enorme
pena ver cómo muchos abandonan sus estudios no
por no tener capacidad, sino simplemente por falta
de motivación para dedicarse a estudiar. Y pierden
la motivación, precisamente, por no tener un buen
método de estudio.

Al principio comencé dando cursillos intensivos
de Técnicas de Estudio a los alumnos de mi instituto que querían mejorar su rendimiento académico y no sabían cómo. Pero, como esos son precisamente los que no saben estudiar (ni tomar
apuntes, entresacar lo esencial, etc.), tampoco eran
capaces de aprender cómo se debe aprender... Vamos, que se les olvidaba todo antes de ponerlo en
práctica.

Por eso, me decidí a escribir un sencillo folleto
en el que, de un modo claro y ameno, explicara las
principales Técnicas de Estudio para aplicar en clase, en casa, en la toma de apuntes, en la elaboración de resúmenes y esquemas, en la preparación
de exámenes y, por último, en la confección de
trabajos de esos que de vez en cuando encargan
los profesores para desdicha de sus alumnos.

El folleto en cuestión tuvo muy buena acogida
(debe ser por la cantidad de estudiantes frustra-
dos de todos los niveles, que pululan por todos
lados...). Y de ahí surgió, por iniciativa de Espasa Calpe, la conveniencia de publicarlo más en
serio.

Aunque no te lo creas, esto que tienes entre las manos no es un «libro de texto», sino una especie de **herramienta** que te puede resultar **muy útil para tres cosas:**

1. **Enterarte bien de qué es eso de las Técnicas de Estudio.** Cuáles son las más adecuadas para cada caso. Qué ventajas e inconvenientes tiene el hacer las cosas de una manera o de otra, etc.

2. **Conocerte a ti mismo,** detectando qué hábitos tienes en todo lo referente al estudio y al rendimiento académico. Así sabrás, por fin, por qué las cosas no te salen como te deberían salir...

3. **Poner en marcha un PCA (Plan Concreto de Ataque).** Para afianzar los hábitos útiles que ya tienes, y corregir «con realismo» los que te perjudican.

Pero, ¡ojo al dato!

Esto que tienes entre manos, ni es un «recetario milagroso» para aprobar sin esfuerzo, ni un «compendio teórico» para que los profesores estudien la Pedagogía del aprendizaje. (Para pedagogos, psicólogos y otros técnicos eruditos en la materia existen decenas de «librotes» enormes y sesudos, que lo dicen todo y, además, mucho más «académicamente».)

Esta «herramienta» la he escrito para ti, que sacas cuatro o cinco suspensos de media, y estás a punto de tirar la toalla. Para ti, que sacas dos o tres, y pasas de curso siempre por los pelos, y que te gustaría ir menos asfixiado. Y también para ti, que las apruebas todas, pero en el fondo sabes que podrías sacar notables o sobresalientes, en vez de simples aprobadillos...

Por eso, **para que lo leas con gusto, y además lo pongas en práctica** y todo, este libro es **breve** y te cabe en el bolsillo. Porque si fuera largo y tostonero, no te atreverías ni a abrirlo (y partimos del hecho de que leer «tomos» no es lo que más te divierte en la vida...).

Es también **claro**. Sintético y directo al grano. Porque al principio te conviene tener pocas ideas pero muy claras. Sólo así podrás entenderlas, hacerlas tuyas y ponerlas en práctica «desde ya».

Y, por último, es **ameno**. Entretenido, lleno de anécdotas y ejemplos divertidos. Para arrancarte, de vez en cuando, una sonrisa. A ti que, con sólo pensar en el estudio, ya se te pone la cara larga y ojerosa... Porque «científico» no es sinónimo de «plomazo». Y ya sabes que: **«Lo bueno, si breve, dos veces bueno.»** Y **«si además es divertido, venticatorce veces bueno».**

¡Léelo. Ponlo en práctica y no te dejes nunca vencer por el abatimiento!

JAVIER MAHILLO.

CAPÍTULO I

FRENTE AL FRACASO ESCOLAR: TÉCNICAS DE ESTUDIO

Por qué sigue aumentando el fracaso escolar

Cuando un estudiante «cuelga» sus libros a medio curso, o al terminar uno de ellos se inventa una excusa para dejar los estudios «por ahora», con la idea más o menos vaga de que «quizá un día vuelva a matricularse para ver si los termina...», estamos ante un caso típico de «fracaso escolar».

El fracaso escolar se puede dar en cualquier nivel. En la Educación Básica, en la Enseñanza Media o en la Universidad (aunque a los universitarios no les guste que les llamen «escolares»...). Y, pese a que hasta una determinada edad todos los jóvenes deben estar escolarizados, eso no significa que no haya de hecho cada vez más que, en clase o fuera de ella, «passan» absolutamente de todo lo que tenga relación con el estudio, pues sus miras las han puesto definitivamente en otro mundo, y por tanto, simplemente esperan el momento de irse del colegio, con o sin certificado de estudios.

> ¿POR QUÉ EN UNA SOCIEDAD TAN «AVANZADA» COMO LA NUESTRA EL FRACASO ESCOLAR VA EN AUMENTO Y NO EN PROGRESIVA RETIRADA COMO DEBERÍA SER?

Prácticamente todos los educadores coinciden en destacar dos causas del fracaso escolar, muy por encima de todas las demás: la **falta de motivación y la «adicción» a malos hábitos de estudio.**

En cuanto a la tremenda **falta de motivación** que tienen nuestros jóvenes en edad escolar, puede deberse a distintos factores:

A largo plazo:

En primer lugar, el lúgubre futuro que todo estudiante (no demasiado brillante) adivina en el horizonte: **el paro.**

Cualquiera que, a base de oírlo miles de veces, llega a la conclusión de que de nada vale esforzarse por aprender y por sacar buenas notas, ya que al final, tengas los estudios que tengas, vas a caer irremisiblemente en el paro, es presa de la desilusión, el desánimo y, lógicamente, de la falta de motivación que le lleve a esforzarse por el estudio.

Si a esto se añade la **escasa valoración social de que gozan los «intelectuales».** (Gente que se pasa la vida estudiando y privándose de casi todo. Consiguen el Certificado Escolar. Aprueban la Enseñanza Media, el Bachillerato y la Selectividad. Cursan, año tras año, una larga carrera. Hacen los cursos de Doctorado o alguna otra «especialidad» de dos o tres años más. Aprueban una oposición de

Profesor. Y ya, por fin, con casi treinta años cobran un sueldo de lo más normalito. Mientras que un «espabilao» que monta un chiringuito en la playa se saca más del doble vendiendo refrescos y patatas fritas...) Lógicamente, motivar a nuestros jóvenes diciéndoles que cuanto más estudien ahora, mejor «*status* social» tendrán después... es, simplemente, hacer el ridículo. Todo el mundo sabe que nadie se hace rico estudiando...

A estos dos motivos se añade la creciente «**prisa por vivir**» que se detecta cada vez más en nuestros jóvenes, e incluso niños, que a sus doce o trece años ya quieren vivir como ven en las películas a los héroes de su edad: con coche o moto propia para pasear, pareja para achuchar, dinero fresco para gastar, «litrona» de cerveza y paquete de tabaco para ponerse a tono, y si «los viejos» tienen pasta, quizá hasta un apartamento propio para vivir con libertad...

Para una chica o un chico que quiera empezar a vivir ya como un adulto, todo lo que sea estudiar es un obstáculo absurdo que hay que esquivar como sea.

Además de estas causas, existen otras que desmotivan a nuestros estudiantes también a corto plazo:

Primero, **los profesores desilusionados,** sin ideales de ningún tipo, que prefieren dedicar su tiempo a criticar al Sistema en vez de aprovechar lo que haya de aprovechable en él. Cansados de repetir una y otra vez lo mismo. De luchar año tras año con alumnos que pasan de todo y que sólo vienen a clase a incordiar, reírse y pasar el tiempo. Avergonzados ante otros profesionales que, con los mismos estudios que ellos (y muchas veces con menos), sin embargo, gozan de un estatus económico y social infinitamente superior. (Un profesor de Química, si trabajara para un laboratorio, haciendo cremas para el cutis, cobraría dos o tres veces más. Un arquitecto que da clases de dibujo, si tuviera su estudio de arquitectura, cinco veces más. Y un buen músico, si en vez de matarse intentando domesticar las «orejas» —que no «oídos»— de sus alumnos, tocara un instrumento en una orquesta, o compusiera su propia música... multiplicaría su sueldo de profesor por diez.)

Además, el **Sistema de enseñanza tiene** —con Reforma o sin ella— **demasiadas pegas para dar una educación de calidad.**

Pocos profesores para tantos alumnos. Masificación en las aulas. Escasez de personal docente. Profesores obligados a impartir asignaturas «afines» para las que no están preparados. Obligatoriedad de «atender», con todos sus derechos, a alumnos que ni quieren atender, ni respetan los derechos de nadie, etc.

En resumen: la mayor parte de los alumnos estudian por obligación (estatal o familiar). **Es muy raro que, con las actuales condiciones de vida, existan alumnos verdaderamente motivados por el estudio,** y si existe alguno que se mata por estudiar, no es por afán de aprender, sino por el miedo a no poder sobrevivir en la sociedad competitiva que nos ha tocado vivir.

La segunda causa del fracaso escolar creciente se debe a los **malos hábitos de estudio arraigados en los escolares,** desde su más tierna infancia.

Unas veces porque el Sistema de enseñanza ha insistido demasiado en que «estudien» y demasiado poco en enseñarles «cómo se estudia». (Los padres le pasan la pelota a los profesores y éstos piensan que tienen demasiada Historia, Matemáticas o Literatura que enseñar, como para «perder el tiempo» dedicando sus clases a explicar Técnicas de Estudio.) Otras veces por el propio despiste de muchos profesores que ni ellos mismos saben estudiar sacándole el máximo jugo al esfuerzo. (Lógicamente nadie da lo que no tiene...) Y, en muchas ocasiones, porque padres y profesores tienen miedo a «manipular» a los estudiantes, insistiéndoles en la importancia de hacer las cosas de un determinado modo, y prefieren dejarles hacer lo que se les antoje, para evitar que si les va mal, los responsables del fracaso sean ellos...

Qué son las Técnicas de Estudio y para qué sirven

Antes de decir qué son, es preferible dejar claro qué cosa no son.

Las Técnicas de Estudio **no son**:

— Un **«recetario»** para aprobar mecánicamente.

— Un **modo uniforme e impersonal** de estudiar, que funciona sea cual sea la personalidad, talento, aptitudes y motivaciones del estudiante.

— Una «**utopía**» teórica muy bonita, pero imposible de poner en práctica de un modo «realista».

Las Técnicas de Estudio **son:**

— Una «**herramienta**» útil para aprender y sacar mejores notas con menos esfuerzo.

— Un conjunto de **normas orientadoras,** al servicio del estudiante que las quiera emplear, adaptándolas a sus características personales concretas. (Como un plano, para ir sin perderse por una ciudad desconocida...)

— **Realizables en la práctica habitual,** gradualmente y según el esfuerzo inicial del estudiante. (A más esfuerzo inicial, menos esfuerzo después. A más pereza inicial, más fracaso y decepción después...)

Un estudiante es como un atleta

No es como un trabajador porque el resultado de sus esfuerzos no tiene valor «mercantil». Es decir, ni se compra ni se vende. El que realmente «se enriquece» estudiando es el propio estudiante. No es lógico que, encima, se le dé un sueldo por su esfuerzo...

Tampoco el estudiante es una especie de esclavo que obedece servilmente a sus padres (que están «invirtiendo» en él, para exigirle un precio el día de mañana...), ni a sus profesores. Pues en realidad quien debe estar a las órdenes de sus

El deporte de moda de los buenos estudiantes

¡LANZAMIENTO DE LIBRO A FIN DE CURSO...!

alumnos es el profesor (que para eso le pagan). Quienes deberían «exigir», por tanto, mejores explicaciones, más profundidad, puntualidad, orden y eficacia... son los alumnos (que para eso pagan, o la sociedad lo hace por ellos...).

El estudiante debe compararse al atleta, pues:

Como él, lo primero que necesita para esforzarse por mejorar día tras día es la **ilusión** por conseguir una **meta concreta**.

Si no tiene claro qué es lo que pretende conseguir, es muy difícil que tenga la energía suficiente para luchar de verdad por conseguirlo. El atleta sólo se esfuerza realmente cuando tiene una meta muy clara que alcanzar, un récord que batir, un campeonato que ganar. Cuando no es así, cuando el objetivo es lejano y nebuloso, simplemente se «entrena», pero no da de sí todo lo que lleva dentro...

En segundo lugar. **Nadie llega a ser un verdadero atleta si no tiene confianza en sí mismo.**

Y para confiar en sí mismo es necesario lograr, aunque sólo sea de vez en cuando, algún pequeño triunfo.

Nadie llega a las Olimpiadas sin tener más o menos llena su vitrina de trofeos. Primero uno gana en su colegio. Luego en el barrio donde vive. Esto le anima a presentarse a nivel provincial y después nacional...

Sin embargo, quien recibe críticas, reproches y «calabazas», evaluación tras evaluación, pierde la confianza en sí mismo y deja de esforzarse. El padre «bienintencionado» que todos los días le dice dos o tres veces a su hijo lo burro que es... está criando en su casa un burro.

En tercer lugar. **Todo atleta necesita un buen entrenador.** Sin él, está perdido. Por mucho que se esfuerce, nadie nace sabiendo. Nadie es capaz de ver sus propios errores. Ningún médico, por bueno que sea, sabe curarse a sí mismo...

El entrenador no tiene por qué ser un buen atleta (aunque probablemente cuando era más joven sí lo era...). Por eso, el entrenador de un estudiante puede ser perfectamente su padre, su profesor o, simplemente, un buen amigo. Pues **su misión no es competir, ni prestarle sus músculos al que está entrenando, sino enseñarle a sacar de sí mismo todas sus posibilidades. Para eso ha de hacer dos cosas: exigirle y animarle.**

Exigirle gradualmente, para que no se apoltrone en los laureles, para que siga progresando, mejorando, sacando de sí hasta la última gota de jugo...

Y **animarle** en los momentos de depresión. Cuando la meta parece inalcanzable. Cuando todo se vuelve contra uno y los esfuerzos quedan sin recompensa... Entonces es necesario alguien que te eche una mano, que te ayude a levantarte. No que venga a restregarte en la cara lo buen estudiante que era él cuando fue joven, y lo avergonzado que se siente de su propio hijo, o discípulo...

Por último, así como cualquier atleta necesita saber y practicar su deporte con una determinada técnica, el estudiante que desea obtener el máximo rendimiento a su mínimo esfuerzo ha de emplear **unas adecuadas técnicas de estudio.**

Técnicas universales que deberá conocer, entender, desear poseer y practicar con frecuencia hasta ir poco a poco haciéndolas suyas.

Todos hacemos las cosas de un modo u otro. Pero así como no todos los caminos llegan a Roma (al menos en el mismo tiempo y con el mismo esfuerzo por parte del caminante), **no todos los modos de hacer las cosas son igual de buenos.**

En todo deporte existe un modo que es «el mejor» de todos. Es decir, el que produce mejores resultados, es más preciso y cansa menos. Así mismo, también existe un modo que es el mejor para sacarle el jugo a la clase, para tomar bien los apuntes, para prepararse correctamente para un examen, etc.

En eso consisten las Técnicas de Estudio. En lograr hacer las cosas del modo más «rentable»

posible. Las Técnicas de Estudio son para vagos. Porque están pensadas para aquellos que siempre queremos sacar la máxima rentabilidad al mínimo esfuerzo. Por eso: **¡Las Técnicas de Estudio son lo tuyo!**

EN RESUMEN:

EL FRACASO ESCOLAR

El fracaso escolar se puede dar en cualquier nivel por dos causas: la falta de motivación y los malos hábitos de estudio.

Muchos estudiantes están «desmotivados». A largo plazo, por el lúgubre futuro que se les avecina: el paro, la escasa valoración social de los «intelectuales», y la creciente prisa por vivir su vida a tope, sin más demoras. Y, a corto plazo, por el «contagio» que sufren al ver la desmotivación de muchos de sus profesores y las deficiencias del actual Sistema de Enseñanza.

QUÉ SON LAS TÉCNICAS DE ESTUDIO

Las Técnicas de Estudio **no son**: un recetario para aprobar sin estudiar, ni un uniformismo en el estudio, ni una utopía irrealizable.

Las Técnicas de Estudio **sí son**: una herramienta útil para aprender más con menos esfuerzo; un conjunto de normas orientadoras y adaptables a la situación personal de cada uno y fáciles de poner en práctica, con un poco de esfuerzo inicial.

ESTUDIANTE = ATLETA

El estudiante no es ni un trabajador, ni un esclavo del profesor. Es como un atleta.

Como él, necesita: una meta concreta y a su alcance, para seguir esforzándose, con ilusión, día a día; lograr pequeños éxitos que le den confianza en sí mismo; un buen entrenador que sepa animarle y exigirle gradualmente, y un buen «método de entrenamiento» (Técnicas de Estudio).

No todos los caminos que llegan a Roma son igual de buenos. Las Técnicas de Estudio son el modo más «rentable» de aprender con realismo y sacar mejores notas con el mínimo esfuerzo.

LA CLASE ESTÁ PARA APROVECHARSE DE ELLA

Nadie nace sabiendo.
El colegio se inventó para ayudarnos

El *homo sapiens sapiens* es un animal tan extraño que, cuando nace, no tiene ni idea de qué le conviene hacer y qué le perjudica.

Si dejamos delante de un pollito recién nacido unos cuantos granos de maíz y unas piedrecillas, en seguida empezará a picotear el maíz y pasará olímpicamente de comerse las piedras.

A su lado ponemos a un niño pequeño. Y, delante de él, dejamos trocitos de comida y chinchetas de colores. El muy «majadero» se lanza entusiasmado por las chinchetas y se las traga...

Metemos un huevito de araña en una caja de zapatos, y esperamos a que madure. Cuando sale de él la arañita, ella sola, sin ayuda de nadie, sabe perfectamente tejer su tela para cazar moscas. No tiene ninguna necesidad de ir a aprender a la academia de ganchillo o macramé...

Al hombre no le pasa igual (gracias a Dios...).

Dicen los antropólogos que somos unos animales que nacemos incompletos, sin un cuerpo específicamente desarrollado para desempeñar perfectamente una determinada misión. Sin un instinto férreo que nos diga claramente qué nos conviene hacer en cada ocasión. Por eso, lo que no nos da el instinto, lo tenemos que aprender por medio de la cultura.

Y ¿qué es la cultura?

Simplemente el conjunto de respuestas teóricas y prácticas que nos transmitimos unos a otros, de generación en generación, para ayudar a los inexpertos «cachorros humanos» a sobrevivir y sacarle el máximo partido a la vida.

Todos nacemos, por tanto, **incompletos,** y a lo largo de la vida —si queremos ser cada vez más «humanos»— debemos ir perfeccionándonos progresivamente, en nuestros aspectos más fundamentales: corporal, intelectual, afectivo, artístico, social, etc. Los que más desarrollan sus «talentos», más posibilidades tienen en esta sociedad tan competitiva en la que nos ha tocado vivir. Pues consiguen trabajos más creativos, sueldos más sustanciosos, mayor prestigio social e influjo político, etcétera. Y, en definitiva, les va normalmente mucho mejor que a los que (porque no han podido o porque no han querido) no han desarrollado correctamente tanto su capacidad intelectual como los demás aspectos naturales.

Pues bien, **como los niños no nacen «con el Bachillerato aprobado», necesitan que, tanto sus padres como la sociedad en general, les ayuden a desarrollar su «coco»,** para comprender mejor las cosas. Pues, como afirma Aristóteles, «el hombre es social por naturaleza» y, por tanto, requiere del apoyo y ánimo de los demás para poder desarrollarse en todas las facetas que componen su personalidad e ir convirtiéndose así, progresivamente, en un adulto «hecho y derecho». Por eso, en cada país se han ido inventando, a lo largo de la Historia, distintos «modelos educativos» para que los que saben ayuden a los que necesitan saber.

En nuestro país hay un modelo educativo que ni es el único ni el mejor. Nuestro Sistema Educativo vigente (hoy por hoy) se llama: «el Bachillerato». **La mecánica de aprendizaje que se estila en nuestros actuales centros de enseñanza** (colegios, institutos y universidades) es la siguiente: a unas señoras y señores (los «profesores») les paga la sociedad (directamente, o por medio del Ministerio de Educación y Ciencia, que administra los impuestos que pagamos todos) para que enseñen a sus alumnos un montón de cosas. Ellos explican unos **contenidos** determinados (su «asignatura»), intentando desarrollar en sus alumnos unas **actitudes intelectuales** como: el «pensar con coherencia», «expresarse correctamente», «distinguir lo esencial de lo secundario», «relacionar unas ideas con otras», «reflexionar y sacar consecuencias prácticas», etc. Y, por último, **evalúan el progreso** de cada uno en su aprendizaje y asimilación de esos contenidos y actitudes, mediante exámenes.

El sistema tiene sus ventajas (pues siempre se aprende mejor así, que cada cual por su cuenta en casa). Pero también tiene sus inconvenientes, como son: la masificación en las aulas, los horarios asfixiantes, los programas temáticos obligatorios, la evaluación reducida exclusivamente a exámenes, etcétera. Sin embargo, de nada vale ponernos a «sacarle pegas al sistema». Lo más sensato, en nuestro caso, es dedicar nuestros esfuerzos a «sacarle el jugo» lo mejor posible. Porque,

> QUIEN SABE APROVECHAR LO QUE HAY, PODRÁ SACAR MUCHO. QUIEN LO SOPORTA PASIVAMENTE, NO SACA CASI NADA.

Aunque a veces parezca mentira, **es el alumno el que paga,** y paga para que le enseñen. Y el profesor el que cobra, y **cobra por enseñar** (no por saber mucho...). Por lo tanto, quien tendría que estar más interesado en aprender lo mejor posible, aprovechando el tiempo, el material y el propio esfuerzo a tope, es el alumno. Mientras que lo triste es que, en muchos casos, son los profesores quienes se dedican a luchar con todas sus energías, para que los alumnos les hagan caso y aprendan un poco...

Mientras que, en las academias particulares (sobre todo en las más caras), el planteamiento está muy claro desde el principio, ya que, si alguien se matricula para aprender, por ejemplo, inglés o kárate, y pasan los meses y ve que no progresa y allí está perdiendo el tiempo, lo deja y no gasta su dinero inútilmente.

En los institutos y colegios suele pasar justo lo contrario. Ya que los alumnos se sienten más satisfechos cuanto menos exige el profesor y más facilones son los exámenes. Y se llenan de alegría y júbilo cuando se enteran de que se ha puesto enfermo y no va a haber clase... Eso demuestra que, a la mayoría, no le interesa para nada las clases, y prefiere dedicar su tiempo a otras mil actividades (o a no hacer nada), antes que escuchar «los rollos del profe».

Ya que pagamos, tenemos el derecho de asistir a clase y sacarle todo el partido posible al profesor (que para eso le pagan).

¿Cómo se le puede sacar el jugo a sus explicaciones?

Antes de la clase: **preparándose para entender.**

En la clase: **ejercitando los cinco sentidos.**

Cómo prepararse para entender y aprovechar la clase

Lo mismo que si uno va a recoger setas al bosque y no lleva canasto, no podrá coger muchas, porque no tendrá dónde llevarlas... los alumnos que llegan a clase con las manos en los bolsillos, sin bolígrafo, ni folios, ni ganas de aprender... no pueden sacar casi nada de provecho, por muy brillantes que sean sus profesores. Quien no vaya mínimamente preparado, saldrá de la clase igual que entró, y habrá perdido miserablemente su tiempo.

Lo normal es que los alumnos lleguen tarde a clase, no porque tengan otra cosa mejor que hacer, sino por perder un poco el tiempo remoloneando por el pasillo mientras el profesor llega, se sienta y dice eso de: «Qué, ¿os vais sentando ya, o tengo que ir a ayudaros...?» Entonces entran hablando tranquilamente, mientras van ocupando sus asientos, poco a poco. Alguno descubre sorprendido que se ha dejado el libro en otra clase y se va a buscarlo... Y de este modo, a lo tonto, a lo tonto, se pierden cinco o diez minutos por clase (por supuesto, para terminar la clase no tardan tanto en maniobrar...), que multiplicados por seis o siete clases diarias y por todos los días del curso... **son muchas horas perdidas que se podían haber aprovechado mucho mejor.**

Además, a ningún alumno le parece mal el ir a clase sin habérsela preparado en absoluto. A nadie se le ocurre mirar la lección que toca para hoy, antes de que el profesor la explique. Ni siquiera mirar un poco, por encima, de qué trató la última clase, para estar «al loro» de lo que se va a tratar en la que empieza... Siendo esto así, no es de extrañar que muchas veces salgan de clase sin haberse enterado de nada.

¡Qué distinto es el comportamiento de estos mismos alumnos cuando van a ver una película que estaban deseando que estrenaran...!

Días antes, ven con interés las secuencias que ponen en la tele y los reportajes que hacen sobre cómo ha sido rodada, quién la protagoniza, cuáles son sus principales características, si tiene algún Óscar por su fotografía o su banda sonora, etc.

Van, por supuesto, puntuales al cine y, mientras compran las entradas, echan un vistazo a la cartelera, para hacerse una idea más precisa de qué se van a encontrar cuando entren en la sala.

Y, por fin, entran decididos, antes de que empiece (para no perderse el principio), y corren por los pasillos para coger un buen sitio. Ni muy cerca

de la pantalla, ni muy lejos. Y lo más centrado posible.

¿Por qué para ver una película nos tomamos tantas molestias, y para ir a clase hacemos justo lo contrario?

Dicen los psico-pedagogos que el rendimiento en cualquier actividad intelectual (por ejemplo, la que se desarrolla en clase) depende de tres factores: las características propias de la materia (asignatura y profesor), la capacidad del propio sujeto (alumno) y la actividad desarrollada por él.

Pues bien, **la actividad de cualquier persona** (profesor o alumno) **depende en un alto porcentaje del grado de interés o motivación que tenga cuando la hace.**

¿Por qué al cine o a un espectáculo deportivo vamos tan «vivos», y a clase entramos arrastrando los pies? Porque nos interesa mucho más lo primero que lo segundo...

Sin embargo, cualquiera que se ponga a razonar tranquilamente, reconoce que es mucho más importante para su propio desarrollo humano y felicidad personal la actividad intelectual, que la meramente distractiva. (Lo mismo que los alimentos más nutritivos, a veces, no son los que mejor saben...)

Si deseas aprovechar bien la enorme cantidad de horas que, quieras o no, vas a tener que estar en clase, es fundamental que aprendas a prepararte para «sacarles todo su jugo».

Prepararte para entender, supone:

Al empezar el curso, leerte los índices de los libros, o los «temarios» de cada asignatura, para enterarte desde el principio de qué pretende enseñar cada una.

Antes de ir a clase, repasar brevemente lo que se vio en la última clase de esa asignatura, para saber qué tiene que ver con lo de hoy, y que no te pille por sorpresa...

Llegar a clase puntual, para que, cuando llegue el profesor, se quede «emocionado» de ver que ya estás sentado en tu sitio, con el material adecuado, dispuesto a recoger toda la información que puedas y a participar activamente en la clase. (Como cualquier periodista avispado, que va siempre con el magnetofón listo y con cinta nueva, la cámara de fotos preparada, etc., por lo que pudiera pasar...)

SI VAS BIEN PREPARADO A CLASE, TIENES YA EL 50% DEL ÉXITO CONSEGUIDO.

De todos modos, no es suficiente con empezar bien preparado las clases. En ellas es fundamental que te emplees a fondo, poniendo en el aprendizaje «los cinco sentidos».

Cómo ejercitar los cinco sentidos en clase

Cuanto más atento estés, mejor entenderás las explicaciones del profesor y más fácilmente las aprenderás.

Quien no se molesta en atender, se aburre la tira y, además, en casa tiene que entender las cosas él solo, sin ayuda de nadie. El profesor no es el «coco». No está ahí para amargarle la vida al alumno, sino para ayudarle a entender lo que más le cuesta, preparar actividades que le faciliten la labor y, así, lograr un aprendizaje comprensivo y gradual. El profesor no es tu enemigo, sino tu mejor aliado.

De **los cinco sentidos** que hay que poner en funcionamiento, si se quiere estar completamente «al loro» en clase, el primero y principal es:

La vista:

Quien no ve bien es muy fácil que se distraiga y no se entere de nada.

Por eso, del mismo modo que, cuando realmente te interesa una película, procuras ponerte en un buen lugar del cine para verla bien, si realmente pretendes sacarles un buen partido al profesor y a la pizarra, **es fundamental que procures colocarte en un lugar apropiado,** desde el que no tengas que esforzarte para ver «el emocionante espectáculo del profesor explicando la lección».

Lógicamente, cuanto más al fondo de la clase te pongas, más cabezas tendrás delante interfiriendo entre tus ojos y el profesor o la pizarra, y más veces tendrás que estar «asomándote» entre las cabezas para enterarte de lo que está pasando...

Cuando yo era alumno de bachillerato, tenía la obsesión de ponerme siempre al final de la clase, pensando ingenuamente que allí pasaba más desapercibido y que el profesor me vería menos y podría copiar mejor y todo eso...

Sin embargo, cuando llegué a ser profesor y di mi primera clase, descubrí sorprendido que, si estás de pie (o en la clase hay tarima), ves perfectamente a todo el mundo, esté donde esté. Y, aunque no quieras fijarte, notas cualquier movimiento por parte de los alumnos (sobre todo de los que ocupan las últimas filas, que son las que más te llaman la atención...) ya que, estando treinta o cuarenta narices enfiladas hacia ti, si de repente una se gira hacia un lado... ¡salta a la vista!

Lo normal es que un profesor no interrumpa las explicaciones cada vez que ve a dos hablando, riéndose a escondidas o agachándose para intercambiar papelillos por debajo de la mesa... Pues, si no, no podría dar la clase. Pero eso no significa que no se esté enterando de casi todo lo que pasa en el aula... (Y tomando nota mentalmente, que es lo malo...)

Esto no beneficia en absoluto al alumno que se coloca al final para hacer un poco «el indio», pensando (el muy ingenuo) que el profesor es miope y no se entera...

Sin embargo, es peor aún cuando el profesor se siente cansado de estar todo el día de pie y decide sentarse...

Cuando en el aula no hay tarima, es muy fácil que si el profesor se sienta los alumnos del fondo se queden sin enterarse de nada —desde que se «democratizó» la enseñanza, las tarimas fueron desterradas al sótano de los institutos, con tal entusiasmo que ahora es rarísimo encontrar algún centro donde se usen— ya que, cuando el profesor se sienta, deja inmediatamente de ver a los alumnos de más allá de la tercera fila, y lo que es peor, éstos dejan de verle a él.

Entonces sí que se nota la diferencia entre estar

bien o mal situado en el aula, sobre todo, cuando algún alumno del final decide de pronto que lo que el profesor está explicando es interesante y merece la pena enterarse de qué va...

Lo mismo pasa cuando el profesor va llenando la pizarra y se ve obligado a escribir en la parte de abajo... Los alumnos del final de la clase tienen que adoptar la incómoda postura de estirar el cuello todo lo que pueden, o incorporarse para ver por encima de las cabezas de sus compañeros, a la vez que toman nota en sus apuntes de lo que van leyendo... ¡Eso sí que es difícil! (No es de extrañar que, al terminar la clase, estén tan agotados que parece que les han dado una paliza...)

¿Por qué tantos alumnos se empeñan en hacer las cosas difíciles? Si realmente nos importa el resultado de nuestro esfuerzo, ¿no sería más conveniente el olvidarnos del «más difícil todavía», para procurar lograr nuestro objetivo cuanto más fácilmente mejor? ¿No sería, en todo caso, más lógico que los alumnos «se peleen» por ocupar los primeros puestos, y no los últimos?

Además, existe, cada vez más, el problema del alumno o alumna que se va quedando un poco miope y no quiere reconocerlo...

Lo normal es que nadie se quede ciego en dos días, sino que las dificultades visuales vayan creciendo paulatinamente. Por eso, muchos alumnos que son capaces de ver al profesor escribiendo en la pizarra, y reconocen «casi» todas las letras, sin embargo no llegan a distinguir correctamente algunas de ellas.

Esto hace que tomen mal sus apuntes. Sobre todo en Matemáticas, Física, Lógica, Contabilidad y otras materias que emplean continuamente símbolos muy precisos.

Al darse cuenta de que continuamente se equivocan, en vez de reconocerlo y ponerse gafas, prefieren disimular (por eso de la estética) y resignarse a copiar de los apuntes del compañero y no de la pizarra. Con lo que es mucho más fácil equivocarse, y encima provocar la mala imagen que el profesor se va haciendo de ellos, por «sospechar» que no le están haciendo ni «repajolero» caso...

En resumen: como no da igual, ni mucho menos, el lugar que ocupemos en la clase, lo primero que hemos de procurar, si queremos sacarle todo su jugo a las horas que estamos encerrados dentro del aula, es **colocarnos en la mejor posición posible.** Ni al final, ni en las esquinas delanteras.

Los que se sitúan al final, tienen muchas veces serios problemas para ver al profesor y leer la parte de abajo de la pizarra. Y los que se ponen delante, pero en las esquinas, ven al profesor mucho mejor, pero muy mal la pizarra, por los reflejos de la luz de las ventanas, y por impedírselo el propio profesor, que suele situarse a un lado mientras escribe o explica lo que va poniendo en la pizarra.

El oído:

Tan importante como ver el espectáculo, es oírlo. Y oírlo con claridad y precisión.

Ya es difícil entender lo que el profesor «explica», extraer lo esencial, reducirlo a pocas palabras y escribirlo en los apuntes (y todo a la vez), como para que, además, tener que hacer continuos esfuerzos adicionales para «imaginarnos» qué es lo que realmente está diciendo...

Si nos falla el primer paso, y no oímos con claridad, es imposible continuar dando los siguientes pasos y, en consecuencia, nuestros apuntes estarán llenos de errores e ideas a medias...

Para lograr una buena «audición», también es fundamental colocarse en buena posición para evitar en la medida de nuestras posibilidades todo tipo de interferencias acústicas.

Quien, al principio del curso, «se pelea» por ponerse al final de la clase, está «cavando su propia tumba». Cuantos más metros ponga entre sus oídos y la boca del profesor, más «ruidillos» deteriorarán su audición, y más tendrá que esforzarse. Como las aulas no reúnen, normalmente, las condiciones de una sala de conciertos, y los profesores no tienen precisamente la voz de Plácido Domingo (sino, después de tres o cuatro clases seguidas, más bien la de un Agónico Lunes...), es lógico que los alumnos del fondo no oigan casi nada con claridad, y se vean obligados a interrumpir continuamente con la sonatilla esa de: «¿Puede repetir, por favor?»

Es posible que el profesor en cuestión piense que los pobres alumnos de la última fila no tienen la culpa de estar allí, y «se digne» alzar la voz. Pero es mucho más probable que piense que la culpa no es suya, así que, o le dan un micrófono, o se compran una trompetilla...

Al final, cuando los alumnos se cansan de esforzarse por escuchar lo que dice el profesor (cosa que pasa muy pronto) y de pedir a sus compañeros que no hagan ruido, porque no se oye, acaban por «desconectar» el receptor y dedicarse a otros menesteres... Por este motivo tan tonto, simplemente por estar mal situados y no oír bien, renuncian a su derecho de tener un profesor que les explique las cosas. Y, a partir de este momento, tendrán que aprendérselo todo por su cuenta. Lo cual es bastante más difícil de lo que parece...

En resumen: si de verdad quieres sacarle todo el jugo al profesor, **tienes que sentarte lo suficientemente cerca como para no perderte nada de lo que diga.** Debes poner especial atención a esos «avisos» que suele dar al final, cuando ya ha sonado el timbre y todo el mundo se pone a hablar... Avisos que, con el barullo, sólo entienden los alumnos de las primeras filas y que, a veces, son fundamentales, de modo que no enterarse puede resultar fatal...

Pero no basta con poner la vista y el oído en funcionamiento para sacarle el máximo partido a las clases. Todavía nos quedan otros tres sentidos que hay que explotar al máximo, si queremos esforzarnos menos y aprender más.

El olfato:

No se trata de olerle los pies al profesor cuando se sienta en su mesa (para lo cual sería, en todo caso, fundamental ponerse bien lejos)...

El olfato es el sentido más importante para los detectives e investigadores. (No hay más que fijarse en las enormes narices que suelen tener...) Pues **sólo quien sabe «olfatear» es capaz de detectar lo verdaderamente importante y significativo.** Y esta cuestión es vital en el aprendizaje.

Una vez que el alumno ha visto lo que el profesor pone en la pizarra, y ha oído perfectamente las explicaciones que va dando, **es fundamental dar un tercer paso: «enterarse» de qué es lo que realmente está diciendo.**

Aquí se nota la diferencia entre los alumnos más o menos «aplicados», y los que además son «avispados».

Los primeros se contentan con prestar mucha atención, e ir apuntando en su cuaderno todo lo que el profesor va diciendo. Lo entiendan o no.

Los segundos no se conforman con esto, sino que, mientras ven o escuchan lo que va pasando en clase, intentan «entenderlo» con la mayor claridad posible. De este modo, es el profesor quien hace el esfuerzo principal, y ellos aprovechan la clase para aprender, no sólo para tomar nota (como los ciclistas que van «chupando rueda» para cansarse menos...). Después de las clases, cuando estudien en casa, no tendrán que romperse la cabeza intentando descubrir por qué el profesor puso lo que puso en la pizarra, o resolvió el problema de este o de aquel modo concreto... Sino que su labor será únicamente «recordar» lo que en clase ya entendieron.

> SI APRENDEMOS A «OLFATEAR», SEREMOS CAPACES DE DESCUBRIR, DE ENTRE TODO LO QUE EL PROFESOR VA DICIENDO, QUÉ ES LO VERDADERAMENTE IMPORTANTE (Y, POR TANTO, CAERÁ EN EL EXAMEN...), Y QUÉ ES SOLAMENTE SECUNDARIO Y ANECDÓTICO.

Quien consiga hacer esta distinción vital, el esfuerzo que necesitará para aprobar será mínimo. Pero quien no «se huela» qué es lo importante, y lo confunda con lo secundario, está perdiendo el tiempo, pues si quiere aprobar, ¡tendrá que aprendérselo todo! Normalmente no dispondrá de tanto tiempo y, lógicamente, suspenderá.

El olfato es lo esencial para el buen aprovechamiento de las clases. **Al principio parece difícil, pero se aprende rápidamente con un poco de práctica.** Es como quien sale a coger setas. Al empezar le cuesta muchísimo encontrarlas y las confunde fácilmente con otras que no son buenas, sin embargo, cuando uno se pone a la faena con interés, cada vez las ve con más facilidad, y al primer vistazo sabe si son o no, las que está buscando.

Todos los profesores tenemos la manía de repetir las cosas, tanto más cuanto mayor nos parece su importancia (y nos gusta que los alumnos las pongan en el examen...). De tal modo que, incluso, se nos escapan expresiones tales como: «Ojo, que esto es muy importante» o «esto, subrayarlo bien»... expresiones que una nariz bien afilada capta en seguida y lo señala en sus apuntes para que no se le olvide estudiarlo a conciencia. Así, **los buenos olfateadores pueden casi adivinar qué va a caer en el examen,** con muchas posibilidades de éxito... ¿Qué más quieres?

El gusto:

El gusto es el cuarto sentido que tienes que poner en funcionamiento en clase. Porque **solamente atiende uno a lo que «le gusta».**

Esto no hace falta que lo diga ningún experto en la materia, pues todo el mundo lo sabe. **El «aprender» (en clase) empieza por «atender». Y solamente atendemos a lo que nos interesa.** El que comienza la clase pensando: «Vaya rollo que nos va a meter hoy el profesor. Menuda pérdida de tiempo. Con la de cosas interesantes que podía estar haciendo yo ahora...» Ése tiene todos los boletos para que le toque el premio de salir de clase como entró. Sin enterarse de nada.

No todas las cosas buenas nos agradan al principio. Eso no quiere decir que sean malas, o que no tengan interés o utilidad alguna. Es cuestión de saber encontrársela.

Con tan poco tiempo como se dispone en el actual sistema de enseñanza, y tantas materias que es fundamental aprender, es imposible que las pocas asignaturas que tenemos cada año sean inútiles y carentes de interés. Otra cosa es que el profesor que las imparte sepa plantearlas de forma «interesante». O que los libros de texto que se emplean en clase sean realmente «atractivos»...

La prueba está en que, a veces, una asignatura que año tras año hemos aprendido a aborrecer, llega un profesor nuevo que «se enrolla bien», y nos demuestra lo muy interesante que es. Entonces va y «milagrosamente» nos empieza a gustar...

Pues bien. **Si consigues que te guste lo que el profesor está explicando, porque eres capaz de encontrarle una faceta útil o interesante para tu vida... seguro que te lo aprendes directamente en clase,** sin necesidad de «empollártelo» trabajosamente al llegar a casa. Lo mismo que, si vas al cine a ver una película que te gusta, no tienes que esforzarte mucho por atender. Ni necesitas estudiártela al salir. Sino que, como te interesa, atiendes sin distraerte. Lo pasas bien. (Y, encima, mientras la ves, se te quedan grabados directamente hasta los más mínimos detalles...)

En resumen. A mí sólo me gusta aquello en lo que me esfuerzo por encontrarle una utilidad, emoción o interés práctico. Me imagino que a ti te pasará lo mismo... Y todas las asignaturas (por plomazo que parezcan algunas) tienen algo de eso. Es cuestión de encontrarlo. Sin embargo, el tomarse las asignaturas «a disgusto» y por la tremenda, es

lo mejor que puedes hacer para sufrir estudiándolas, y para tener que dedicarles mucho más tiempo y esfuerzo del necesario.

Es fundamental saber qué es lo realmente «bueno». Y aprender a «degustarlo» con verdadero de-
leite. El ser humano es curioso por naturaleza y
disfruta aprendiendo cosas nuevas. Es una pena
que haya tantos niños y niñas que, precisamente
en el colegio, aprendan a aborrecer todo lo que
suponga «aprender»... Si es tu caso, no te resignes.
**Intenta sacarle el gusto al saber cosas nuevas.
Verás que puede resultar hasta apasionante.**

Y, por último, el sentido más «sutil» de todos.
El que si no se aplica bien, puede echarlo todo a
perder...

El tacto:

«Tener tacto» es saber «estar» en clase. Es
«representar» brillantemente el papel del alumno
aplicado.

Quien tiene «tacto», sabe estar bien sentado (no
repantigado de cualquier manera...). Sabe preguntar en el momento oportuno y de modo correcto.
Saber, por último, «ganarse» con dignidad las simpatías del profesor (que es también quien pone la
nota), sin tener que recurrir al humillante oficio
de «hacerle la pelota».

Hay quien, por su modo desaliñado en el vestir,
por la postura que adopta en clase, o por la cara
de asco infinito que normalmente luce mientras el
profesor suelta sus discursitos (o cuenta un chiste
malo)... da la sensación de que es un vago, no se

entera de nada y, encima, molesta a sus compañeros de clase con sus impertinencias.

Los hay también que no tienen el más mínimo «tacto», y en su afán por «hacerse notar» a toda costa, preguntan siempre en el momento más inoportuno, interrumpiendo las explicaciones con una tontería, o reteniendo al profesor y a sus compañeros cuando ya ha terminado la clase, con una pregunta estúpida... Lo único que consiguen así es molestar al profesor y crearse una imagen de «pesados» y «ladrillos», que no les beneficia en absoluto, ni social ni académicamente.

Tener tacto es, por el contrario, saber hacer las preguntas lo suficientemente interesantes y bien formuladas, como para que el profesor aclare nuestras dudas y las de nuestros compañeros sin hacernos empezar a dudar de lo que ya parecía que teníamos claro... Y, por supuesto, ser capaces de escuchar «con cien ojos» la «sabia» respuesta que nos dé el profesor, sin dedicarse a hablar con el de al lado, haciendo caso omiso a sus aclaraciones...

Puede que alguno piense que esto no tiene nada que ver con el aprendizaje y las Técnicas de Estudio... pero, ¡no seamos ingenuos! El profesor es una persona, y no un ordenador frío e imparcial. Por lo que, para bien o para mal, según va transcurriendo el curso, se va forjando una «imagen» más o menos agradable de cada alumno. Y una vez creada la fama, es muy difícil quitársela de encima. (A veces salpica incluso a los hermanos que vienen detrás a estudiar en el mismo colegio...)

Si lo que quieres no es sólo aprender, sino también tener éxito académico (es decir, buenas notas), **es fundamental que te crees una «buena**

imagen» ante tus profesores e, incluso, ante tus propios compañeros, que te pueden ayudar mucho si sabes «caerles bien».

Esta es la principal función del tacto.

En clase es necesario «hacer un poco de teatro». Y lo mismo que el profesor «actúa» como si se lo supiera todo (cosa que, evidentemente, es falsa), el alumno «espabilado» tiene que parecer que se entera absolutamente de todo, que le interesa muchísimo la asignatura, que tiene muchas ganas de trabajar y colaborar con el buen desarrollo de las clases, y que estudia todos los días a conciencia, nada más llegar a casa, aprendiéndoselo todo y preguntando al día siguiente las «inteligentísimas» cuestiones que se le han ocurrido...

Si, además, es verdad, pues mucho mejor. Lo malo es que uno sea un «buen alumno» y parezca lo contrario...

En resumidas cuentas. **Si aprendes a utilizar en clase los cinco sentidos,** y no sólo uno y medio, o dos... **te aburrirás muchísimo menos,** y te integrarás mucho más en la dinámica de la clase, **aprendiéndolo casi todo directamente en el aula,** y teniendo que dedicar, por tanto, muchas menos horas a estudiar por tu cuenta en casa.

Y, por si esto fuera poco ventajoso, **además le caerás mucho mejor** al profesor que, aunque a veces parece tonto, es lo suficientemente listo como para saber quién le atiende y quién no.

EN RESUMEN:

NADIE NACE SABIENDO

La Cultura es el conjunto de respuestas teóricas y prácticas que nos transmitimos unos a otros, de generación en generación, para ayudarnos a sobrevivir y **sacarle el máximo partido a la vida.**

Todos nacemos incompletos, y a lo largo de la vida debemos ir perfeccionándonos progresivamente. A los profesores les paga la sociedad para que **enseñen** a sus alumnos. Ellos explican unos contenidos, intentando desarrollar en sus alumnos unas actitudes intelectuales, y evalúan el progreso de cada uno mediante exámenes.

El Sistema actual tiene sus inconvenientes, pero lo más sensato es dedicar nuestros esfuerzos a «**sacarle el jugo**» lo mejor posible. Porque quien sabe aprovecharse de lo que hay podrá sacar mucho. Mientras que quien lo soporta pasivamente no saca casi nada.

Es el alumno el que paga, y paga para que le enseñen. Y el profesor el que cobra, y cobra por enseñar (no por saber mucho...). Ya que pagamos, tenemos el derecho de asistir a clase y **sacarle todo el partido posible al profesor.**

¿Cómo le podemos sacar el jugo a sus explicaciones? Antes de la clase, **preparándonos para entender.** Y en clase, **ejercitando los cinco sentidos.**

CÓMO PREPARARSE PARA ENTENDER

Quien no vaya mínimamente preparado saldrá de las clases igual que entró, y habrá perdido miserablemente su tiempo.

El rendimiento en cualquier actividad intelectual depende de tres factores: las características propias de la materia, la capacidad del sujeto y la actividad que desarrolle. Esta última, tanto en el profesor como en el alumno, **depende del grado de interés o «motivación»** que tenga cuando la hace.

Prepararte para entender, supone enterarte desde el principio del curso de qué pretende enseñar cada asignatura, y antes de ir a clase, **repasar brevemente lo que ya se ha visto,** para saber qué tiene que ver con lo de hoy. Llegar a clase puntual, con el material adecuado y dispuesto a participar «activamente». **Si vas bien preparado a clase tienes ya el 50% del éxito conseguido.**

LOS CINCO SENTIDOS

Si quieres aprovechar las clases «a tope» es fundamental que pongas en funcionamiento «los cinco sentidos». Pues, **el profesor no es tu enemigo, sino tu mejor aliado.**

Si aprendes a utilizar en clase los cinco sentidos, **te aburrirás muchísimo menos,** y te integrarás mucho más en la dinámica de la clase, **aprendiéndolo casi todo directamente en el aula.** Y, además, le caerás mucho mejor al profesor:

La vista:

Es fundamental lograr nuestro objetivo cuanto más fácilmente mejor. Como no da igual, ni mucho menos, el lugar que ocupemos en la clase, si queremos sacarle todo su jugo a las horas que estamos encerrados dentro del aula, **hemos de procurar colocarnos en la mejor posición posible. Ni al final, ni en las esquinas delanteras.**

El oído:

Tan importante como ver el espectáculo, es oírlo con claridad y precisión. Para lograr una buena «audición», también es fundamental colocarse en buena posición y así **evitar en la medida de lo posible las interferencias acústicas.**

Cuando los alumnos mal situados en clase se cansan de esforzarse por escuchar lo que dice el profesor, acaban por «desconectar». Por este motivo tan tonto, renuncian a su derecho de tener un profesor que les explique las cosas. Y, a partir de este momento, tendrán que aprendérselo todo por su cuenta.

El olfato:

Sólo quien sabe «olfatear» es capaz de detectar lo verdaderamente importante y significativo. Y esta cuestión es vital en el aprendizaje. (Y para los exámenes...)

Una vez que el alumno ha visto lo que el profesor pone en la pizarra y ha oído las explicaciones que va dando, es fundamental dar un tercer paso: **«enterarse»** de qué es lo que realmente está diciendo.

El gusto:

El **«aprender»**, en clase, **empieza por «atender»**. Y solamente atendemos a lo que nos interesa, es decir, **nos «gusta»**. No todas las cosas buenas nos agradan al principio. Eso no quiere decir que sean malas, o que no tengan interés o utilidad alguna.

Si consigues que te guste lo que el profesor está explicando, porque eres capaz de encontrarle una faceta útil o interesante para tu vida, **seguro que lo aprendes directamente** en clase, sin necesidad de «empollártelo» trabajosamente al llegar a casa. Tomarte las asignaturas «a disgusto» y por la tremenda sólo te conducirá a sufrir estudiándolas y tener que dedicarles mucho más tiempo y esfuerzo del necesario.

El tacto:

«Tener tacto» es **saber «estar» en clase.** Es «representar» brillantemente el papel de alumno aplicado. Quien tiene «tacto» sabe estar bien sentado, preguntar correctamente y en el momento oportuno y «ganarse» con dignidad las simpatías del profesor y de sus compañeros de clase.

Si lo que quieres no es sólo aprender, sino también tener éxito académico (es decir, buenas notas), es fundamental que te crees una **«buena imagen».** Y para eso es necesario «hacer un poco de teatro».

CAPÍTULO III

EL ARTE DE TOMAR BUENOS APUNTES

Tomar apuntes no consiste en apuntarlo todo

El estudiante que aprovecha las clases para tomar unos buenos apuntes no se parece en nada al «copista» que dedica todas sus energías a poner por escrito todo lo que el profesor dice o escribe en la pizarra. (Si sólo se tratara de eso, se podrían grabar las clases en vídeo y, con un único profesor por asignatura, sería suficiente para todos los alumnos del país...)

Si seguimos con el ejemplo del capítulo anterior —para que lo entiendas mejor—, ir al bosque a coger setas no consiste en echar todas las que encuentres al cesto. Mezclando las buenas con las malas. Sino que es preciso que sepas seleccionar, desde el principio, las que te conviene coger y las que debes dejar de lado. No hace falta ser experto en setas, para saber que es muy peligroso cogerlas sin estar seguro de la especie a la que pertenece cada una. Si entre las comestibles se te cuela alguna venenosa, es «vital» localizarla y separarla de las demás. Y si no puedes hacerlo, más vale que las tires todas. Las buenas y las malas...

Lo mismo sucede en clase. **No todo lo que allí**

se dice es esencial, o importante. Sino que muchas veces el profesor repite las cosas de diversos modos para que se entiendan bien, o añade ejemplos, o ideas muy secundarias para «redondear» las tesis principales. Depende de la capacidad de «enrollarse» que tenga cada uno, pero muchos profesores con cierta experiencia docente, pueden estar toda la clase hablando sin parar y, muchas veces, al final, todo lo que han dicho se podría resumir en una o dos ideas fundamentales. Lo demás... «paja explicativa».

Existe una «raza» de alumnos, tan «aplicaditos» y «asfixiadetes» que, desde que el profesor abre la boca, hasta que, al fin, toca el timbre y se acaba la clase, no hacen otra cosa que copiar literalmente todo lo que dice o escribe en la pizarra.

Si tú no eres así, no les tengas envidia. Si lo eres, procura dejar de serlo. El papel del alumno en clase **no consiste en copiar al dictado, sino en entender las cosas, aprenderlas y resolver las dudas que vayan surgiendo.** Para eso está allí el profesor, para aclarar los puntos difíciles. No para «dictar», sino más bien para «dialogar» con sus alumnos y ayudarles así a «comprender» y a «aprender» todo lo que puedan.

El alumno que copia y copia «al dictado», sin enterarse de nada, está perdiendo el tiempo y, muchas veces, haciéndoselo perder a los demás. Como cualquier profesor, por lento que sea, habla más rápido que el más rápido de los alumnos escribe, los que intentan copiarlo todo literalmente ven que no les da tiempo, e interrumpen el hilo de las explicaciones, una y otra vez, con eso de: «¿Puede repetir más despacio lo que ha dicho?» Si el

profesor cae en la trampa y les hace caso, la clase se convierte automáticamente en un «dictador» que dicta de un modo mecánico y aburrido, y un puñado de «copistas medievales» que copian sin apenas entender nada... ¡Triste espectáculo docente!

Lo más frecuente es que el profesor no se deje atrapar por estos alumnos «copistas», y procure explicar las cosas con «viveza» y «colorido», para que se entiendan bien. Quien intente seguirle al dictado, no podrá, y empezará a dejarse frases a medias y, lo que es peor, ideas importantes sin anotar (por estar tan preocupado anotando, por tercera vez, lo mismo...).

Unos buenos apuntes son mucho más útiles para estudiar que un buen libro. Pero si tus apuntes son malos, por estar llenos de errores, repeticiones innecesarias e ideas a medias, más vale que se los regales a tu peor enemigo...

Para «recolectar» unos buenos apuntes son necesarios dos requisitos:

Primero: **tener un material en condiciones:**

— **Un bolígrafo,** o pluma de tinta oscura, y otro de repuesto por si te falla (o un compañero te lo pide...).

— **Folios blancos,** y todos iguales, para tomar nota. (Que ya va siendo hora de que aprendas a escribir en folios «de verdad», sin rayitas, ni cuadritos, ni otras zarandajas propias de niños... Quien se acostumbra a ellas, lo pasa fatal cuando escribe en la pizarra, o en los exámenes dan folios blancos.)

— Si al principio se te tuercen las líneas, **fabrícate una falsilla rayada** para ponerla debajo. Pero no la uses demasiado tiempo, pues te acostumbrarás a ella...

— **Una carpeta o «clasificador»** para ordenar los apuntes separados por materias.

— Y **otros materiales** propios de cada asignatura, como: compás, reglas, calculadora, diccionario, libros de texto, etc.

Segundo: **utilizar bien ese material:**

Llevarlo muy ordenadito a clase y emplearlo mal es como el que estrena esquíes de marca y no sabe esquiar... Así le lucirá el pelo.

Para sacar el máximo partido al material, tomando unos buenos apuntes que nos sirvan de ayuda para estudiar,

---

ES NECESARIO CUIDAR BIEN DE DOS COSAS QUE EMPIEZAN POR «EFE»: **EL FONDO Y LA FORMA**.

Unos buenos apuntes han de estar bien «fundados»

Lo esencial para que unos apuntes sean útiles para el estudio es su **fondo**. Es decir, que sean **claros** y digan las cosas sin embrollarlas ni confundirlas (ya sabes que más te vale no tener apuntes, que tenerlos llenos de errores, pues, si **mala es la ignorancia, peor es creer que se sabe lo que no se sabe).**

Además, han de estar **bien estructurados,** distinguiendo cada tema, cada capítulo del tema, cada apartado del capítulo, etc. Y dentro de cada párrafo, que se vea claramente cuál es la idea principal y cuáles las secundarias.

En cada asignatura variará el modo concreto de hacerlo, pero es fundamental que el resultado de varias clases tomando apuntes no sea un enorme «rollo» que no haya quien se lo lea después...

Y, por último, que sean **breves.**

Unos buenos apuntes han de **ir siempre al grano,** dejándose de anécdotas y repeticiones reiterativas de la misma idea (que el profesor hace para recalcar lo importante y dar ocasión a los que aún no han entendido a que pregunten sus dudas. No para volver a copiarlas). El repetirse sólo conduce a liar los contenidos y hacerlos más ininteligibles y **«plomazos» a la hora de estudiarlos.** Y no hay que olvidar que los apuntes no se toman en clase para luego tenerlos bien guardaditos en casa, sino para aprovecharlos y estudiar con ellos después.

Los apuntes son como la «chuleta» que te tienes que hacer en clase para que no se te olviden las cosas que, aunque has entendido perfectamente, no has podido aprendértelas definitivamente.

Para que tus apuntes sean claros, breves y bien estructurados, **es fundamental que no copies las cosas sin «digerirlas» primero.**

Entre oír y apuntar tienes que dar varios pasos intermedios:

(1) Una vez que has oído (o leído) lo que el profesor ha dicho (o escrito) y antes de apuntarlo, tienes que dar el paso de la «comprensión». Es decir, **intentar entenderlo.** Si no lo entiendes, levanta tu mano (que para eso tienes dos) y **pregunta tus dudas.** Si, después de que el profesor te lo vuelva a explicar, sigues sin entenderlo, pídele con amabilidad que te ponga un ejemplo y dale una segunda oportunidad para que se explique mejor... (Pero ¡ojo! No lo atosigues ni le discutas demasiado, pues puede ser que ni él mismo lo tenga claro... Si ves que la cosa se embrolla, y te mira con cara de pocos amigos... déjalo ya, y no insistas. Ya habrá otra ocasión para enterarse.)

(2) Cuando ya hayas entendido lo que el profesor acaba de decir o de escribir, **intenta «traducirlo» a tus propias palabras** y expresiones. Piensa que quien va a tener que estudiar con esos apuntes que estás tomando eres tú y, por tanto, procura que sean lo más comprensibles que puedas.

(3) **Redúcelo todo lo posible.** Aunque teniendo sumo cuidado de no alterar su significado, apuntando «verdades a medias».

(4) Y, por último, **escríbelo en tus apuntes con la mejor caligrafía que te sea posible.** Para eso es imprescindible que te acostumbres, desde ya, a utilizar abreviaturas. Pues si pretendes escribir las ideas con todas las palabras, no te dará tiempo.

Las abreviaturas

Esta última norma es esencial para el buen tomador de apuntes. Si empleas unas cuantas abreviaturas para expresar esos términos (que se hacen

tan sumamente largos cuando uno tiene prisa y
que, además, salen continuamente), podrás anotar
con claridad todas las ideas fundamentales, y no se
te quedará ninguna a medias. (Y, por si fuera poco,
además no se te pondrá letra de médico por escribir precipitadamente...)
**Como ejemplo te pueden servir las siguientes
abreviaturas** que se suelen emplear en estos menesteres.

F.ª	(Filosofía)
ψ	(Psicología)
Mt	(Matemáticas)
Cc	(Ciencias)
D.	(Derecho)
Log.	(Lógica)
FQ	(físico-químico)
Lg	(Lenguaje)
Es.	(esencia)
∃x	(existencia)
h.	(hombre)
Nat.	(Naturaleza)
n.º	(número)
tb	(también)
etc.	(etcétera)
pq	(porque)
→	(entonces)
1.º	(primero)
∞	(infinito)
/	(...mente)
ej.	(por ejemplo)
conoc.	(conocimiento)
∅	(vacío, nada)

Puedes empezar a practicarlas, e inventarte otras nuevas. Pero nunca se te ocurra usarlas cuando escribes algo para ser leído por otro (exámenes, trabajos, etc.). Pues los demás no tienen por qué saber interpretar tus propias abreviaturas.

Unos buenos apuntes han de estar «en buena forma»

Dicen los psicólogos (no sé por qué será...) que **cuanto más agradables son unos apuntes, son también más atractivos y, en consecuencia, mucho más fáciles de estudiar.** Mientras que cuanto más feos, apretujados o cochambrosos te queden, más te predispondrán el ánimo a la náusea y al vómito, que a estudiártelos con gusto y ganas.

El orden y la estética, el hacer las cosas «con gusto», no es una bobada infantil. Y menos cuando esto que estamos haciendo, es decir, el cuaderno de apuntes, va a convertirse en **nuestra principal herramienta de estudio y aprendizaje.** Es fundamental redactarlos con verdadera ilusión (aunque parezca ridículo), hasta llegar a sentirnos orgullosos de ellos y no avergonzados de que alguien los vea...

Si te propones desde ahora mismo escribir día tras día unos apuntes «buenos». Es decir: claros, bien estructurados, que distingan la paja del grano. Y, además, «agradables»: con buena letra, sin borrones ni guarrerías varias, con dibujos o esquemas de los que pinta el profesor en la pizarra para «visualizar» mejor las cosas, con «realces» de colores para destacar lo más importante y, además, hasta con «ilustraciones» que decoren el conjunto... habrás conseguido muchas cosas sin apenas darte cuenta:

(1) Que tus apuntes sean mejores y **te puedas fiar plenamente** de ellos cuando vayas a estudiar.

(2) Que tus apuntes sean **más atractivos** y hasta te diviertas a veces «decorándolos» y descubriendo tus decoraciones cuando llevas horas estudiando aburridamente.

(3) Que, si los ve tu profesor, se quede admirado de lo bien que trabajas en clase.

(4) Que tú mismo **te sientas orgulloso** de la labor bien hecha.

(5) Que, mientras tomas nota en clase, **estés más concentrado** para no equivocarte, prestes más atención para entender las cosas que se van explicando y, sobre todo, no caigas en la monotonía, el hastío rutinario y el dedicarte a tomar nota cansinamente, porque no queda más remedio.

Ten en cuenta que si te decides a cuidar la forma o estética de tus apuntes, comprobarás que no cuesta más trabajo y, encima, se te pasarán las clases mucho más rápidamente que si apuntas las cosas chapucera y cansinamente. Porque:

HACER LAS COSAS BIEN NO CUESTA MÁS TRABAJO QUE HACERLAS MAL Y, ADEMÁS, APROVECHA EL DOBLE.

Ya que estás decidido a tomar apuntes, lo lógico es que lo hagas lo mejor posible.

Normas concretas para mejorar la estética de tus apuntes

① **Cada tema comiénzalo en folio nuevo.** Esto te posibilitará el separar los temás entre sí y darles independencia cuando quieras estudiar sólo uno de ellos. Y no sufras por el trozo de papel que quede en blanco al final de cada tema, pues es muy útil para hacer ahí un esquema-resumen de todo lo anterior.

② **Deja márgenes amplios** en los cuatro lados de cada folio. (Lo ideal sería 3 ó 4 cm a la izquierda, y 1 ó 2 cm en los demás lados.) No seas tacaño con los folios (que no son tan caros), pues el espacio que queda vacío es utilísimo para posteriores anotaciones que se te vayan ocurriendo.

③ **Acostúmbrate a titular con letras mayúsculas cada Tema, cada Capítulo y cada Apartado** del capítulo. Las mayúsculas son muy útiles para romper la monotonía del texto y resaltar algo especialmente importante. Si encabezas cada apartado con mayúsculas (como se hace en cualquier libro), al estudiar verás en una sola hojeada cuántas partes componen cada capítulo y hasta dónde llega cada una.

Lo principal es **que los títulos destaquen** sobre el texto, de modo que se vea la estructura del tema y de cada una de sus partes a primera vista, y no tengan tus apuntes apariencia de «rollazo interminable».

Si quieres que la estructura de cada tema se vea más clara todavía, deja hueco entre capítulo y capítulo para poder luego **recuadrar y colorear** convenientemente el título. Verás qué bien te quedan, y qué útil te resulta para no dormirte cuando te pongas a estudiar.

④ **No apretujes la letra, ni la hagas demasiado holgada. Y procura que sea «legible»** (al menos para ti mismo...). Cada cual tiene la letra que en el fondo quiere tener. Y si ves que la tuya no es buena, ahora es el momento de empezar a cambiarla por otra mejor. No cuando tengas cincuenta años...

Con un poco de caligrafía que practiques, conseguirás espectaculares resultados. Piensa que el que más veces va a leer lo que escribas en tu vida, serás tú mismo.

INTENTAR «DESCIFRAR» UNA MALA LETRA REQUIERE MUCHO ESFUERZO SUPLEMENTARIO QUE PODRÍAS AHORRARTE SI CUIDAS TU CALIGRAFÍA.

La educación de la Comprensión

«Reconoce los distintos factores que influyen en los sentimientos o en el comportamiento de una persona, y profundiza en el significado de cada factor y en su interrelación —ayudando a los demás a hacer lo mismo— y adecua su actuación a esa realidad.»

Aunque te parezca mentira, hay estudiantes por ahí sueltos que escriben así:

La educación de la Comprensión

"Reconoce los distintos factores que influyen en los sentimientos o en el comportamiento de una persona, y profundiza en el significado de cada factor y en su interrelación —ayudando a los demás a hacer lo mismo— y adecua su actuación a esa realidad.

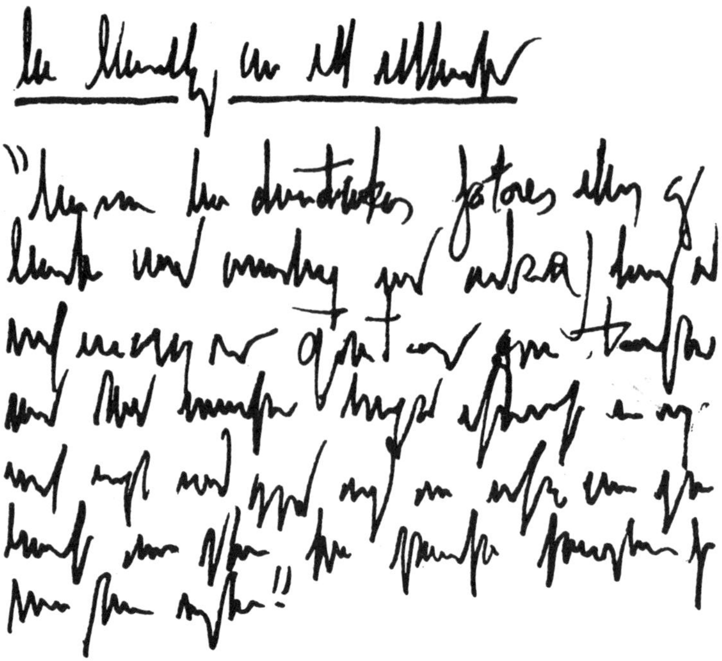

La educación de la Comprensión

"Reconoce los distintos factores que influyen en los sentimientos o en los comportamientos de una persona y profundiza en el significado de cada factor, en interrelación –ayudando a los demás a ver lo mismo–, adecua su actuación a esa realidad.

Así que no te quejes. Tu letra aún puede empeorar más, y darte quebraderos de cabeza tales que ni te los puedes imaginar...

(5) **Utiliza los símbolos que sepas o te inventes:** letras mayúsculas y minúsculas, subrayados, recuadros, flechas, llaves, dibujos, diagramas, etc. Empléalos siempre con el mismo significado. Si no, te harás un lío.

Todo lo que te sirva para dividir el «mogollón» en partes bien estructuradas y para resaltar lo más importante, te será enormemente rentable a la hora de estudiar. Y, además, no cuesta más trabajo y resulta más ameno y divertido «decorar» los apuntes, que copiar y copiar «en blanco y negro». De todos modos, tampoco te pases dedicando demasiado tiempo a «ilustrar» tus apuntes. Pues no se trata de que al final del curso les tengas que poner marco...

(6) Es conveniente, también, que **numeres los folios** de cada asignatura, según lo vas tomando (por si se te caen alguna vez por el suelo..). Así, cuando lleguen los exámenes, tendrás seguridad de que no se te ha extraviado ninguno y podrás meter en su sitio, sin problemas, las fotocopias de alguna clase a la que no pudiste asistir. Y no te olvides de **emplear abreviaturas** para facilitarte la recogida de ideas con más rapidez y sin hacer mala letra.

(7) Te puede resultar enormemente provechoso el **aumentar tu «caudal verbal».** Es decir, el número de palabras distintas que normalmente utilizas cuando te expresas.

Ampliar tu vocabulario no es cosa de dos días,

sino de leer mucho, y literatura «de calidad» (no tebeos o noveluchas de las que tienen un escasísimo repertorio de términos que repiten hasta la saciedad...). Pero para eso, cuando leas, no te quedes sólo con el argumento. Intenta fijarte en el modo de expresarse del autor del libro. Apunta en un folio aparte las palabras o expresiones nuevas que te agraden. Averigua su significado o significados concretos y proponte usarlas siempre que vengan a cuento.

Si lo haces así, poco a poco tendrás más fluidez verbal. Y, lógicamente, menos problemas para expresar tus ideas. Más sinónimos para variar, y sobre todo, para usarlos cuando no tengas clara la ortografía de alguna palabra.

Puede que no llegues a ser ni poeta, ni literato, pero sin embargo, te costará cada vez menos poner en un papel todo lo que llevas dentro de ti. Cosa que no es tarea baladí...

⑧ **No es aconsejable en absoluto que cojas «en sucio» los apuntes en clase y, luego, los «pases a limpio» en casa.** Eso es propio de críos incapaces de hacer las cosas bien a la primera. (Nadie escribe una carta a su novia «en sucio» y luego la pasa «a limpio»...) Aunque haya quien lo recomienda, por eso de que «al copiar los apuntes a limpio, siempre se te queda algo...». Si te dedicaras a **estudiar de verdad,** «se te quedaría» muchísimo más que copiando apuntes. Aunque, después de toda la tarde pasando apuntes a limpio o al «ordenador», te dé la sensación de que has «estudiado» mucho...

No creas a los que dicen que es imposible tomar bien los apuntes directamente en clase. Convéncete

Join the Jordan Team!

- School Bus Drivers
- Classroom Assistants
- Custodians
- Cafeteria Workers
- Substitute Teachers
- ...and more

Explore Endless Opportunities in Education at the Jordan Job Fair

Wednesday, Jan. 25 | 6 – 8 p.m.
Oquirrh Hills Middle School
12949 S. 2700 West, Riverton

JORDAN J
SCHOOL DISTRICT
7387 S. Campus View Drive
West Jordan, UT 84084

———————————— ECRWSS**C022

53018
RESIDENT
7832 S 3200 W Unit 125
West Jordan UT 84088-5611

Nonprofit
Organization
U.S. Postage
PAID
Kingston Printing

Attend the *Jordan Job Fair* and find a *Career!*

JORDAN
SCHOOL DISTRICT

January 25 | 6 - 8 p.m. | Oquirrh Hills Middle School

de que, por rápido que explique el profesor, «se repite más que la morcilla» y, si eres astuto y estás al loro, **puedes copiar todas las ideas que merecen la pena, directamente a limpio** sin demasiados problemas. (Y si te equivocas de vez en cuando, lo tachas correctamente y en paz. Una tachadura hecha con gracia y salero puede quedar hasta decorativa. Y si no es así, no te preocupes demasiado. Afortunadamente, nadie va a enmarcar tus apuntes para exhibirlos en público...)

El truco consiste en **entender primero** lo que el profe quiere decir, y **ponerlo después** en el folio con tus propias palabras, símbolos y abreviaturas. Pero nunca al revés. Pues **si caes en la tentación de anotar lo que no estás entendiendo... seguirás toda la clase anotando sin entender nada, y tus apuntes no valdrán dos duros.**

⑨ Por último, es esencial que sepas que los apuntes, por buenos que sean, por sí solos ni aprueban ni suspenden. **Hace falta aprovecharse de ellos al estudiar.**

EN RESUMEN:

APUNTAR SÓLO LO ESENCIAL

Los profesores repiten mucho las cosas, y no todo lo que dicen en clase es importante.

El alumno no debe copiar al dictado, sino entender las explicaciones del profesor y resolver sus dudas para aprender mejor, en clase, con su ayuda.

Unos buenos apuntes son más útiles para estudiar, que un buen libro. Para tomarlos hay que «comprender», «aprender» y «apuntar» lo importante, para no olvidarlo.

REQUISITOS PARA TOMAR APUNTES

Tener un material en condiciones: bolígrafo, folios blancos, falsilla, clasificador, libro de texto, calculadora, etc.

Utilizar bien ese material cuidando el «Fondo» y la «Forma».

APUNTES BIEN «FUNDADOS»

Unos apuntes con «Fondo» **han de ser: claros, precisos, bien estructurados y breves.**

Para hacerlos así, es imprescindible no copiar las cosas sin «digerirlas» primero.

Has de dar **varios pasos:** atender, ver y oír, aclarar dudas, entender, traducirlo a tus propias palabras, reducirlo a expresiones breves y apuntarlo con letra clara y abreviaturas.

APUNTES «EN BUENA FORMA»

Cuanto más agradables sean tus apuntes, serán más atractivos y, en consecuencia, **más fáciles de estudiar.**

Si te lo propones de verdad, llegarás a estar «orgulloso» de tus apuntes. Te podrás fiar de ellos. Te divertirás ilustrándolos. Admirarás a tus profesores. Y te concentrarás más para evitar equivocarte.

Hacer las cosas bien no cuesta más trabajo que hacerlas mal. Y, además, aprovecha el doble. Si estás decidido a tomar apuntes, hazlo lo mejor que puedas.

NORMAS CONCRETAS

Comienza cada tema en folio nuevo.

Deja **márgenes amplios** para posteriores anotaciones.

Titula con letras mayúsculas cada Tema, Capítulo y Apartado de cada capítulo. Recuadra y colorea los títulos para que se vean bien a simple vista.

No apretujes la letra, ni la hagas demasiado holgada. Y procura que sea clara y legible para ti y para los demás.

Utiliza los símbolos y abreviaturas que sepas o te inventes: letras mayúsculas y minúsculas, números, subrayados, recuadros, dibujos, flechas, llaves, diagramas, etc.

Numera todos los folios por asignaturas, y pon la fecha de cada clase.

Lee buena literatura para aumentar tu caudal verbal y mejorar tu expresión y tu ortografía.

Coge los apuntes **directamente a limpio,** y dedica las horas de estudio a «estudiar» de verdad, no a «pasar» apuntes.

Aprovéchate de ellos para estudiar y preparar tus exámenes.

CAPÍTULO IV

CÓMO ESTUDIAR EN CASA SIN DORMIRSE

Hay quien atiende mucho en clase y como, más o menos, va entendiéndolo todo, le parece que ya se lo sabe. Sin embargo, cuando llega el examen, misteriosamente «se queda en blanco» y no se acuerda de nada.

Eso, como bien saben los psicólogos, se debe a que:

Una cosa es «atender», otra «entender», y otra «aprender»

Si uno, normalmente, en clase está atento y con los cinco sentidos a pleno rendimiento, es muy probable que, sólo con eso, lo entienda casi todo. Hasta aquí, ha recorrido la primera fase del aprendizaje. Pero **para saber no basta con entender,** es también preciso recordar en el momento oportuno lo que se ha entendido. Es decir, «sabérselo».

Quien no recorre esta segunda parte del camino, no se ha de extrañar de que, aunque «atendía siempre» y «lo entendía todo», sin embargo, al llegar al examen, «no se acuerde de nada», y lo haga fatal...

Las Técnicas de Estudio, en realidad, deberían llamarse Técnicas de Aprendizaje. Pues de lo que se trata es de encontrar el camino más fácil («método» es la palabra griega que significa «camino a seguir») para aprender. Lo que pasa es que **para «aprender» hace falta «estudiar».**

Y ¿en qué consiste eso de «estudiar»?

Si has ido leyendo hasta aquí. Lo has leído «atentamente». Y, por tanto, lo has «entendido». Te habrás dado cuenta de que **el estudio comienza en clase.**

Cuando llegas a ella preparado para sacarle todo su jugo, y te sitúas en un buen sitio para poder «ver» y «oír» todo lo que pase en el aula. Cuando te esfuerzas por «olfatear» lo esencial, y por «saborear» cada tema nuevo como si fuera un plato exquisito. Cuando, por último, procuras comportarte «con tacto» tanto con tus profesores como con tus compañeros y empleas correctamente el material para tomar nota de lo realmente importante... Entonces, ya estás estudiando.

«Quien bien empieza, bien acaba», dice el refrán. Pues bien. Si empiezas «con buena técnica», has dado ya un paso de gigante en el logro de tu objetivo: **aprender más con menos esfuerzo.** Pues quien aprovecha «a tope» la clase, lo entiende casi todo... Ha realizado en ella, al menos el 50% del estudio.

Hay quien se contenta con esto y fuera de clase

no pega ni golpe. Si el que así lo hace es inteligente y espabilado, lo normal es que vaya aprobando sin problemas.

Sin embargo, si no eres demasiado brillante, tienes «lagunas» importantes que vas arrastrando de años anteriores o, simplemente, no te conformas con el aprobadillo justo, sino que aspiras a mucho más, es necesario que des el segundo paso del aprendizaje: **estudiar en casa.**

Mucha gente confunde «estudiar» con «memorizar». Y es verdad que el memorizar es una etapa fundamental del aprendizaje. Quien, cuando el profesor le pregunta, se queda «en éxtasis concentrado» y dice eso de: «En estos momentos no me sale, pero lo tengo en la punta de la lengua...», ése, en realidad, no sabe responder a lo que le han preguntado y se merece una mala nota. Porque aunque es posible que se lo haya estudiado antes, y que si le dejamos dos horas para pensarlo, quizá acabe acordándose, eso no es «sabérselo».

Si un conductor dice que «se sabe» las señales de tráfico y cuando va en carretera y ve una, necesita veinte minutos para «acordarse» de qué significa... simple y llanamente, se acaba dando la torta. Y podemos afirmar con todo rigor científico que «no sabe conducir».

Saber algo es entenderlo y recordarlo «a voluntad», es decir, cuando uno quiera recordarlo.

Por eso, para aprender bien, es necesario hacer un esfuerzo por memorizar un montón de hechos, principios y conceptos. Pero, antes de eso, es imprescindible entenderlos. Quien en clase no «atienda» y, por tanto, no «entienda», y en casa pretenda aprendérselo todo «de memoria», conseguirá que en su cabeza se produzca, a la hora del examen, un «confusionismo mogollónico» (también llamado «diarrea mental») que le hará fracasar estrepitosamente.

> ENTENDER
>
> +
>
> RECORDAR
> _____
>
> = SABER

Entender y recordar son como las dos piernas sobre las que debemos andar al estudiar. Son como los dos remos que impulsan una barca, o las dos alas sobre las que planea un avión. Si nos falla una de las dos, ya no «andamos», sino que vamos «cojeando». La barca ya no avanza, sino que da vueltas sobre sí misma. Y el avión, simplemente se estrella...

Dejando la clase a un lado, **¿qué aconsejan las Técnicas de Estudio para aprovechar el tiempo estudiando por nuestra cuenta?**

Lo primero es que, aunque cada cual ha de escoger la técnica que más le vaya con su carácter, cualidades y aptitudes psíquicas (quien tenga mayor memoria visual, habrá de hacerse esquemas «gráficos» de todo; el que la tenga auditiva, deberá repetir las cosas en voz alta..., etc.), podemos afirmar que lo esencial y válido para todos es que, si queremos sacar el máximo rendimiento con el mínimo esfuerzo, **es necesario estudiar con la máxima intensidad con que podamos emprender la tarea.**

Objetivos claros y fuerza de voluntad

Todo el mundo sabe que, muchas veces, cuando dispone de un largo fin de semana para estudiar y prepararse para un examen, empieza a perder el tiempo con tonterías y, al final, se da cuenta de que se le ha pasado «lánguidamente» sin apenas hacer nada de provecho. Ni ha estudiado, ni se ha divertido.

Sin embargo, observamos que, cuando faltan pocas horas para el examen (el domingo por la noche...), estudiamos con verdadera intensidad, pues si no lo hacemos ya no hay nadie que nos salve. Entonces, nos concentramos mucho mejor y le sacamos muchísimo más partido a dos horas de estudio «a tope» que a todo el fin de semana pasando cansinamente el tiempo delante del libro.

Esto tiene su explicación lógica (o, más bien, «psicológica»): **quien no tiene claro lo que quiere, es muy difícil que lo consiga.** («Al marino que no sabe dónde va, todos los vientos le son contrarios», dice el refrán.) Para realizar una tarea «con intensidad» y hasta «entusiasmo», es necesario que se den, al menos, dos requisitos: tener un **objetivo claro y fuerza de voluntad** para ponerse a la tarea.

Los ciclistas pedalean con verdadero frenesí cuando ya ven la línea de meta... ¿Por qué? Porque ya lo tienen claro. Ante la meta soñada durante kilómetros y kilómetros, ya no hay nada que les pueda distraer y aflojar su marcha.

Cuando uno decide que «esta tarde va a estudiar», pero no se la organiza con un horario con-

creto, unas metas claras y unas actividades precisas que realizar, es muy posible que tarde mucho
más de la cuenta en ponerse a estudiar y pier-
da un tiempo enormemente valioso, poniendo y
quitando cosas de su mesa, cogiendo un libro, mi-
rándolo por encima y dejándolo otra vez «para
luego»...

Al terminar la tarde «de estudio», si se toma la
molestia de reflexionar sobre qué ha hecho, cómo
se ha organizado y qué metas concretas ha conseguido, llegará a la triste conclusión de que **ha perdido miserablemente su tiempo,** aburriéndose
más que una ostra sin perla.

Es fundamental, por tanto, si queremos estudiar «de verdad» (es decir, «aprender») y no pasar
el rato delante de los libros, **fijar unos objetivos
claros, concretarlos en un horario «realista» y
echarle decisión y fuerza de voluntad para lograrlos,** cueste lo que cueste y pase lo que pase.

Cómo hacerse un horario «realista»

El hombre es un «animal de costumbres», es decir, tenemos la tendencia a hacer las cosas siempre
del mismo modo, a comer a la misma hora, a dormir en el mismo lado de la cama, a desayunar las
mismas cosas...

Esto lo hacemos porque el cuerpo necesita tener
claro «qué toca ahora», y si le cambiamos cada día
la hora de dormir o comer, se hace un lío y «nos
sienta mal».

Lo mismo sucede con el estudio. Hay quien se

queja de «distraerse» demasiado y ser incapaz de concentrarse. Esto puede ser una realidad, pero la causa no es que unos sean estudiosos «por naturaleza» y otros no, sino que unos «se habitúan» o acostumbran a estudiar y otros no.

Para habituarse a algo, es necesario repetirlo una y otra vez, al principio, hasta que el cuerpo se vaya acostumbrando y pase a ser «habitual», incluso hasta necesario.

Si queremos que nuestro cuerpo «nos pida» estudiar, es imprescindible habituarlo. Si no queremos «distraernos» continuamente y por el motivo más tonto, si queremos ser capaces de permanecer sentados, leyendo, subrayando o memorizando un texto, sin que el cuerpo «se nos rebele», es necesario acostumbrarlo.

Para acostumbrar al cuerpo a que a determinadas horas del día tiene que dedicarse a estudiar y

olvidarse de todo lo demás, el mejor invento de la Historia es: **hacerse un horario.** Pero, para llegar a la conclusión de que un horario no sirve para nada, pues es imposible cumplirlo y nunca salen las cosas como uno las había programado, lo mejor es: hacerse un horario que no sea «realista».

> MORALEJA:
> ¡HAZTE UN HORARIO «REALISTA». CÚMPLELO A RAJATABLA Y VERÁS LO EFICAZ QUE RESULTA PARA EL ESTUDIO!

Sigue estos pasos:

(1) Haz un recuadro con siete columnas. Una por cada día de la semana.

(2) Divide cada una de ellas en tantos «bloques» como actividades distintas tengas que hacer necesariamente a lo largo del día (levantarte, asearte, desayunar, ir al cole, comer, etc.).

(3) El tiempo que te quede libre, divídelo en dos bloques: tiempo dedicado al estudio y tiempo para «otras actividades».

Ahora ya tienes un «horario». Sólo te falta que sea **«realista».** Para eso:

(4) Ten en cuenta que, para ir de un sitio a otro, hay que dedicarle tiempo. Luego, contempla en tu horario de un modo «realista» el tiempo que vas a dedicar a ir a clase, a volver a casa, a merendar y a «ponerte» a estudiar. Y no considere ese tiempo como «tiempo de estudio».

⑤ Ahora haz la cuenta de cuánto tiempo «real» dedicas a estudiar por tu cuenta. Es decir, fuera de clase.

Depende de qué curso estés estudiando, de qué tal has ido hasta ahora y de qué capacidad tienes para el estudio pero, si eres un alumno «normal», que va a un colegio o instituto «normal», y estudia Enseñanza Media (que es algo «muy normal»...), te basta y te sobra con dedicar entre dos horas y media y tres diarias al estudio para aprobar el curso sin problemas. Si ves que dedicas mucho más tiempo a «estudiar» y no sacas sobresaliente en todas, en realidad estás perdiendo el tiempo. Y si dedicas mucho menos... pues ¿de qué te quejas, si te va mal? Una cosa es sacar el máximo del mínimo esfuerzo y otra es no esforzarse nada...

⑥ Antes de empezar a estudiar cada día debes dividir el tiempo total del que dispones en «trozos» y decidir qué meta o metas concretas pretendes conseguir en cada uno de los «trozos».

La capacidad de concentración del ser humano tiene sus limitaciones y por eso, es recomendable no estar demasiado tiempo seguido estudiando. Quien no deja breves descansos entre una y otra «sesión», comienza a cansarse, pierde la concentración, le duelen los ojos y, en definitiva, deja de aprovechar el tiempo.

Además, has de tener en cuenta que existen fundamentalmente **tres tipos de estudiante: A, B y C.** Y a cada tipo le conviene seguir un esquema apropiado.

Unos (los del **tipo A**) se concentran en seguida, y al principio rinden mucho más. Pero, poco a poco,

se van cansando y, cada minuto que pasa, se distraen más y más.

Quien sea así deberá hacerse una distribución
más o menos de esta manera:

— 1.ª sesión: 60 minutos de estudio.
               15 minutos de descanso.

— 2.ª sesión: 45 minutos de estudio.
               15 minutos de descanso.

— 3.ª sesión: 30 minutos de estudio.

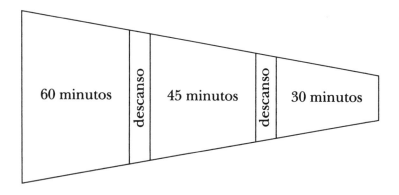

Otros **(tipo B)** tienen dificultad al principio, y
necesitan una especie de «precalentamiento» antes
de entrar en faena. Pero cuando llevan un buen
rato de estudio a «tope», comienzan a cansarse y
al final ya no rinden apenas. A éstos les conviene
distribuir su tarde de estudio, por ejemplo, así:

- 1.ª sesión: 30 minutos de estudio.
                15 minutos de descanso.
- 2.ª sesión: 60 minutos de estudio.
                15 minutos de descanso.
- 3.ª sesión: 45 minutos de estudio.

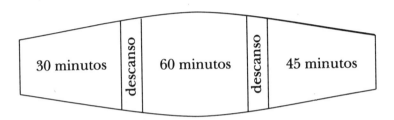

Por último, a otros (los del **tipo C**), les cuesta mucho «ponerse» a estudiar. Concentrarse en la tarea y dejar de pensar en otras cosas. Pero una vez que lo consiguen, van, poco a poco, *in crescendo* y, una vez que han calentado los motores, cuanto más difícil y complicada sea la materia, mejor...

Para los de este tipo, es recomendable que, si dividen la tarde de estudio en varias «sesiones», la primera sea más suave, es decir, más corta o dedicada a estudiar una asignatura más o menos agradable, y las siguientes aumenten en su complejidad.

Por ejemplo:

- 1.ª sesión: 30 minutos de estudio.
                15 minutos de descanso.
- 2.ª sesión: 45 minutos de estudio.
                15 minutos de descanso.
- 3.ª sesión: 60 minutos de estudio.

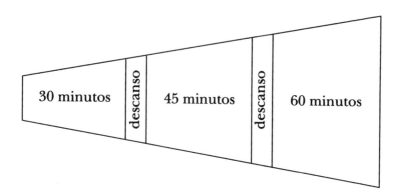

Tampoco se debe olvidar que cada cual tiene sus propios gustos e intereses. A uno le caen bien unas asignaturas y en cambio otras le «repatean», y al otro le pasa lo contrario... Lo natural es ponernos a estudiar lo que nos gusta, porque lo que te gusta siempre se te hace más fácil. Y, por eso, dejamos lo difícil para el final, o para otro día...

Sin embargo, aunque a algunos les venga bien empezar con algo facilillo para ir entrando en calor (pues si no se aterrorizan y se van...), **en general es preferible empezar con las tareas más ingratas y difíciles** (pues al principio se está más «fresco») y seguir en orden de dificultad decreciente, hasta las más fáciles o entretenidas (pues al final uno está mucho más cansado que al principio).

⑦ Sea cual sea la distribución concreta que te planifiques, si la cumples «a tope» todos los días, puedes sacar a estas dos horas y media, muchísimo más fruto que a toda la tarde «estudiando» de mala gana, yendo y viniendo de la mesa de estudio a la tele y viceversa... Agonizando lentamente por no poder concentrarte en ninguna de las dos cosas, y perdiendo miserablemente tu valioso tiempo.

Para controlar que sea así, cuando termines de estudiar, o cuando te vayas a la cama, **dedica cinco minutos a reflexionar sobre cómo has aprovechado el tiempo de estudio.** Si has sido puntual al empezar y al terminar. Si no has perdido tiempo buscando cosas por tenerlas desordenadas. Si has sido capaz, no de no distraerte (lo cual es natural), sino de no dejarte llevar por la distracción, y volver a concentrarte en el estudio. Si, por último, has logrado las metas que te propusiste al principio, en el tiempo que fijaste para ello.

Tú mismo has de ser tu «evaluador» (juez y verdugo). Si has logrado lo que te propusiste, ¡ponte una medalla! y siéntete orgulloso de ti mismo, porque te lo mereces. Pero si no estás satisfecho de tu organización, ¡cámbiala! Si has descubierto algún fallo concreto, ¡proponte un «auto-correctivo» también «concreto». No te contentes con decir «ya estudiaré mejor». Pues esto es algo tan ambiguo que no podrás cumplirlo y seguirás siendo ineficaz.

SÓLO **PLANIFICANDO** TU PROPIA VIDA, **EVALUANDO** LO QUE ACABAS DE HACER, Y **AUTO-CORRIGIENDO** LO QUE VES QUE NO HACES DEL TODO BIEN... LOGRARÁS AUMENTAR **TU FUERZA DE VOLUNTAD.**

Aquí tienes un «modelo» de horario semanal. Y, a continuación, una hoja para que hagas el «balance» de tu estudio y así corrijas tus propios fallos.

	LUNES	MARTES	MIER	JUEVES	VIERNES	SABADO	DOMINGO
7							
7,30	LEVANTARSE						
8	LAVARSE Y DESAYUNAR						
8,30						LEVANTARSE	
9						LAVARSE DESAYUNAR	
9,30							
10	CLASES					ESTUDIAR	SALIR
10,30							
11							
11,30							
12							
12,30						AMIGOS	
13							
13,30							
14	COMIDA						
14,30							
15							
15,30							
16	CLASES					DEPORTE Y DIVERSIÓN	DIVERSIÓN
16,30							
17							
17,30							
18	IR A CASA, MERENDAR						
18,30							
19	ESTUDIO	ESTUDIO	BALONCES-TO	ESTUDIO	ESTUDIO	DIVERSIÓN	ESTUDIO
19,30							
20							
20,30			ESTUDIO				
21							
21,30							
22	CENAR						
22,30							
23	IRSE A LA CAMA						

BALANCE DE APROVECHAMIENTO DIARIO O SEMANAL DEL ESTUDIO

ESTUDIO EN CLASE:

PUNTUALIDAD	BIEN	REG	MAL
ATENCIÓN	BIEN	REG	MAL
TOMA DE APUNTES	BIEN	REG	MAL
RESOLUCIÓN DE DUDAS	BIEN	REG	MAL

ESTUDIO EN CASA:

TOTAL DE HORAS SEMANAL:

PUNTUALIDAD	BIEN	REG	MAL
MATERIAL ADECUADO	BIEN	REG	MAL
CONCENTRACIÓN	BIEN	REG	MAL
LOGRO DE OBJETIVOS	BIEN	REG	MAL

¿HE CUMPLIDO EL AUTO-CORRECTIVO DE AYER? BIEN | REG | MAL

AUTO-CORRECTIVO PROPUESTO PARA MAÑANA:

El cuidado del cuerpo: *mens sana in corpore sano*

Muchos de los problemas que tienen los estudiantes se deben a su mala salud. Y ésta, en gran medida, a sus excesos en dormir, comer, beber y fumar.

Si quieres sacar el máximo fruto a tu esfuerzo, es fundamental que mantengas tu cuerpo y tu mente en perfecto estado de salud. Estas sencillas normas que tienes a continuación te pueden resultar «vitales» para el estudio.

● **Duerme siempre lo suficiente:**

No estés remoloneando en la cama más de la cuenta, ni te quedes hasta las tantas de la madrugada sin dormir...

Sobre todo, **si al día siguiente tienes un examen, te conviene «muy mucho» ir bien descansado.** No seas ingenuo. Lo que puedas empollar quedándote toda la noche sin dormir, lo perderás al día siguiente por hacerte un lío en el examen debido a lo agotado que estás y lo que es peor, si te quedas sin dormir habitualmente, puedes acabar enfermando, lo cual te complicará más la vida que un suspenso...

Un anciano necesita menos horas de descanso nocturno pero, hasta los veinticinco o treinta años, es imprescindible que duermas unas ocho horas diarias, si quieres desarrollar bien tu cuerpo y tu mente.

● **Come lo necesario, abundante y variado:**

Evita las comilonas excesivas y los regímenes de adelgazamiento «en siete días». Ya sabes que dice

el refrán que: «De grandes cenas están las sepulturas llenas.» Y también que: «El hambre aviva el ingenio.» Sin embargo, no te pongas a estudiar hambriento, pues lo normal es que el hambre «avive» el ingenio para ir a buscar comida, no precisamente para estudiar...

Come frutas, legumbres y verduras frescas, ricas en vitaminas. La falta de vitaminas puede acarrearte debilidad física y mental. Si te sientes debilucho, vete al médico por si tienes alguna insuficiencia vitamínica, o un poco de anemia. Si es así, lo normal es que te recete algún complejo vitamínico para compensar tus carencias alimenticias.

No dejes ningún día de tomar leche, queso o derivados lácteos porque su aporte de calcio es imprescindible· para la formación de tus huesos. **Y procura también que tus comidas sean suficientemente ricas en proteínas,** comiendo a menudo huevos, carne, pescado o legumbres. Estos alimentos son fundamentales en la dieta de un estudiante que necesita además energía extra para poder desarrollar su cuerpo convenientemente.

Sin embargo, has de **evitar** que en tu dieta haya **exceso de grasas y dulces**, ya que la grasa en exceso sólo te servirá para subir el índice de colesterol y la fruta y verdura que tomas diariamente, ya contiene la cantidad de azúcar que tu organismo necesita. Con toda la que le añades en forma de dulces y golosinas, sólo conseguirás unos kilitos de más y unas cuantas caries... No obstante, te puede ser de utilidad el saber que el cerebro se alimenta fundamentalmente de glucosa, por lo que si antes de un examen te comes un caramelo, la concentración de azúcar en tu sangre subirá, y esto te dará mayor viveza y agilidad mental.

La memoria necesita, para fortalecerse, **fósforo y magnesio.** Y el chocolate, las legumbres verdes y los frutos secos son muy ricos en magnesio. Así que ya sabes...

Mastica bien lo que comas. Más vale que vayas «rumiando» lento como una vaca, que «devorando» los alimentos casi sin masticarlos, para terminar antes. El tiempo que ganas comiendo en plan competición, lo perderás después por tener una digestión pesada e incluso dolorosa.

No te pongas a estudiar después de comer, antes de descansar al menos una hora o dar un paseo para facilitar la digestión. Recuerda el refrán: «Después de comer, ni un sobre has de leer.» Pero tampoco hace falta que lo sigas «al pie de la letra»...

● **No te dejes enganchar por estimulantes ni tranquilizantes:**

Ten mucho cuidado con el alcohol. Si tomas vino o cerveza en las comidas, que sólo sea de vez en cuando. Y si los fines de semana vas a la discoteca o a alguna fiesta, procura cambiar los cubatas por zumos naturales. (Ahora están más de moda.)

No te dejes engañar por los que van por ahí diciendo que las bebidas alcohólicas estimulan el intelecto. La verdad es, por el contrario, que el abuso del alcohol disminuye y embrutece la creatividad, debilita la concentración y la fuerza de voluntad, destruye muchas vitaminas, y reduce funciones vitales para el organismo.

El recurrir a sustancias estimulantes, sobre

todo si estás en edad de crecimiento y desarrollo
físico y mental, **sólo te puede acarrear trastor-
nos y problemas de difícil solución.** Niégate en
redondo a tomar pastillas para mantenerte despierto «estudiando» toda la noche, o para poder
dormir de un tirón, cuando a base de pastillas empieces a tener problemas de insomnio...

En cuanto al café, y todo lo que contenga ca-
feína, **no es perjudicial si no te pasas.** Un café
de vez en cuando no te puede hacer mucho mal y
puede estimularte si un día tienes la tensión baja.
Pero habituarte a tomar cafés como quien toma
caramelos, puede acarrearte también problemas de
ansiedad, insomnio, alteraciones cardiovasculares y
depresiones que podrías evitar perfectamente si lo
tomas con moderación.

• Sin respirar no se puede estudiar:

Hay quien se mete toda la tarde a estudiar en su habitación y, para no oír ningún ruido que le distraiga, cierra tan herméticamente puertas y ventanas que, al cabo de un par de horas, hay allí un aire tan viciado que no hay quien lo respire. Lo malo es que quien está dentro no se da cuenta, pues el **aire se va enrareciendo poco a poco y es difícil notarlo.** Si, además, el estudiante es fumador, el esfuerzo que ha de hacer para «sobrevivir» es mucho mayor, aún, que el de estudiar.

Te interesa «oxigenarte» bien de vez en cuando. Por eso, además de ventilar convenientemente tu habitación, **el deporte puede resultarte perfectamente compatible con el estudio.**

Estar días y días encerrado en clase o en casa, no es nada beneficioso para la salud. Y, al final, acaba resintiéndose la mente y notándose en la disminución del rendimiento académico.

Sin embargo, si practicas algún deporte un par de veces por semana (que no te ocupe toda la tarde), o te inicias en el montañismo o los paseos al aire libre durante los fines de semana, verás cómo al volver a casa no te resulta tan pesado y cansino el estudio. Después de estar toda la mañana trepando por el monte, pedaleando en bici, respirando a pleno pulmón el aire puro, o tiritando de frío bajo la lluvia, resulta hasta agradable sentarse en casa calentito y recién duchado, a preparar las clases del lunes.

• La imaginación es la loca de la casa:

Esta frase, que al parecer es de Santa Teresa, a mi entender es la que dio origen a la famosa expresión que dice: «Tienes más razón que un santo», pues es evidente que, por mucho silencio que haya en la casa o en el cuarto de estudio, si tienes la cabeza «llena de grillos» es imposible que te concentres. Por eso **no es nada recomendable que antes de estudiar te pongas a ver un ratito la televisión** «para distraerte», ni que en el descanso entre sesión y sesión de estudio, te pases por el cuarto de estar para echar un vistazo a ver cómo va el partido...

Si lo haces así, ten por seguro que tendrás problemas cuando quieras concentrarte en el estudio, pues tu imaginación, quieras o no, seguirá «impresionada» por las escenas que acabas de ver, y no se dignará a ponerse a estudiar, sino que seguirá a lo suyo, dándote la lata y obligándote a hacer un esfuerzo enorme para dominarla.

Cuando te pongas a estudiar **quita de la mesa**

TELE COCO ÑAM, ÑAM

todo lo que pueda distraerte. Olvida aunque sólo sea momentáneamente tus preocupaciones. Y dale prioridad a tu «razón» para que no se deje dominar por tus «emociones» (enamoramiento reciente, miedo a estar solo y que vengan los «macarras» a robarte los libros, etc.).

No te vendría nada mal que **aprendieras a relajarte unos minutos antes de ponerte a estudiar** y que dediques tus descansos a hacer algo que realmente te sosiegue, como tocar la guitarra, contemplar el paisaje lejano desde la ventana, ir a la cocina a beber agua, o algo así de inocente... No se te ocurra dedicar el descanso a llamar por teléfono a tu novia, a discutir con tu madre o a leer una novela...

«Herramientas» básicas del estudiante

Este apartado se lo dedico especialmente a vuestros padres, por ser ellos quienes pueden (si quieren) facilitaros la tarea de estudiar, poniendo los medios materiales «básicos» a vuestro alcance.

Mis queridos padres. No estamos viviendo en las cavernas, donde con palos y piedras se hacía casi todo...

Si queréis facilitarle la tarea de estudiar a vuestros hijos, para que puedan sacarle el máximo partido a su esfuerzo, **no sólo es conveniente, sino imprescindible, que dispongan de un material adecuado** para desempeñar con facilidad su labor.

No se trata de lujos ni de sibaritismos. Ya sabemos que no es el que tiene el material escolar más caro, quien más aprovecha su tiempo de estudio. Pero quien pudiendo, no les proporciona a sus hijos lo más elemental, añade una carga suplementaria a la que ya de suyo conlleva el estudio.

Las «herramientas» básicas de todo estudiante son:

— **Un cuarto de estudio** con una estantería para los libros.

— **Una mesa y una silla** para estudiar, un flexo, un radiador.

— **Material escolar.**

— Y, sobre todo, **silencio.**

¡LA INVERSIÓN NO ES MUY GRANDE, PERO REALMENTE MERECE LA PENA!

● **El cuarto de estudio:**

A veces es muy conveniente estudiar, o hacer otras actividades escolares en grupo. Puede que en otras ocasiones sea preciso desplazarse a una biblioteca para poder consultar libros especializados de los que uno no tiene en su casa. Pero lo más conveniente es disponer de una habitación apropiada para poder estudiar solo.

La habitación ha de ser:

— Suficientemente **amplia** como para no asfixiarse dentro a la media hora, o que tenga una ventana para poder ventilarla en los descansos.

— **Que no sea heladora** en invierno y «un horno» en junio.

— Y, sobre todo, **que no sea una habitación de «uso común»** donde el resto de la familia entra y sale de vez en cuando...

Los padres que, por tener un salón espléndido y deslumbrante para recibir visitas o celebrar fiestas, condenan a sus propios hijos a estudiar en la cocina o en el desván, que luego no se quejen de que se distraen, estudian poco y rinden menos.

Lo lógico es que la habitación disponga **al menos de una estantería** donde colocar ordenadamente los libros de texto, diccionarios, una enciclopedia, atlas y demás material de consulta. Así, no habrá que ir a buscarlo a la otra punta de la casa (pasando necesariamente por el cuarto de estar donde está el padre repantigado ante el televisor, tomándose una cerveza, fumándose un puro y viendo el partido...).

Además, para las frías tardes de invierno, **es necesario que disponga de calefacción** central, o de un radiador de esos que caldean toda la habitación. (No de un brasero que te achicharre por debajo, mientras que se te hiela la nariz... Ni de un radiador de esos que si los acercas, te queman la pierna, y si los separas un poco, más que calentar, parece que hasta enfrían...)

También es fundamental que el **cuarto de estudio sea siempre el mismo.** El hombre es un «animal de costumbres» y, si continuamente cambia de sitio, no se habitúa a hacer bien las cosas, y pierde demasiado el tiempo «adaptándose» al nuevo ambiente.

Un buen cuarto de estudio tiene que disponer de:

- **Una buena mesa de estudio:**

La mesa del estudiante ha de ser, sobre todo, **amplia** (un metro y medio de largo por uno de ancho). No sirven esas «tablitas» tan monas que están en los armarios de las habitaciones infantiles y que se bajan y «parecen» una mesa de estudio. Ahí no hay quien estudie dignamente.

Los padres, a veces, no os dais cuenta pero, si os pusierais una tarde a estudiar «ahí», os encontraríais como el buey metiendo la cabeza en una «cajonera»: sin sitio para escribir con amplitud, para poner varios libros y consultarlos, sin tener que colocarlos en una silla al lado, o amontonados por el suelo... Esos «aparatos» sirven para escribir una carta, no para estudiar.

Una mesa de estudio no tiene por qué ser bonita, ni cara, ni de caoba, pero que sea «una mesa». Es decir, un tablero amplio con cuatro patas.

Y, puestos a comprarle una mesa decente al estudiante, no hay que olvidar su complemento ideal:

- **La silla:**

Una silla de estudio no ha de ser demasiado tiesa y dura, para que no duela la espalda al cabo de un rato. Pero **tampoco debe ser tan blandita y confortable que invite a dormir...**

Por otro lado, las patas de la silla han de ser lo

suficientemente cortas como para que no le cuelguen las piernas a tu hijo, y tan largas como para que pueda apoyar los pies en el suelo, sin que tenga que doblar las piernas por debajo de la silla para evitar que las rodillas le den en el borde de la mesa, lo cual resulta un tanto «molesto». Aunque no lo parezca, los chicos que estaban tan cómodos en su mesita cuando eran parvulitos, ahora ya tienen dieciséis años, han crecido y se tienen que encorvar para poder leer. Puede que sea el momento de comprarles otra más apropiada...

Además, **es necesario** (no sólo conveniente) **que la silla sea proporcional a la mesa.** Ni muy alta, ni muy baja. Para evitar que el estudiante esté horas y horas encorvado sobre el libro (por ser la mesa demasiado baja), o «estirando el cuello» para poder leer (por ser demasiado alta).

Una mesa y una silla de estudio no son como unos zapatos, que se compran dos números mayores, por eso de que «ya crecerán...».

Si la silla o la mesa no son adecuadas, y el estudiante se ve obligado a mantener durante horas una posición forzada, es muy posible que, a la larga, contraiga una escoliosis (desviación de la columna vertebral) que le acompañe el resto de su vida, o alguna contractura muscular que, además de resultar muy dolorosa, le puede estar dando guerra durante mucho tiempo.

Por otro lado, la mesa no se tiene para dejarla vacía, sino para usarla. Por eso, para poder utilizarla sin agobios, **es conveniente tenerla despejada.** Hay muchos estudiantes que, por pura pereza, van amontonando cosas sobre la hermosa mesa que tienen en su cuarto y la tienen siempre tan repleta, que a la hora de ponerse a estudiar no tienen apenas sitio para poder maniobrar con desahogo.

La mesa ha de estar siempre despejada de trastos y libros que no se están utilizando. Para guardar los libros está la estantería, no la mesa. Y quien necesite poner «chorraditas», fotos y demás objetos, es preferible que lo haga en la mesa de su hermano.

Lo que sí **es imprescindible tener siempre sobre la mesa es:**

— Un taco de **folios nuevos,** para usar en cualquier momento.

— Otro de **hojas medio sucias** para hacer problemas.

— Un bote con **lapiceros.**

— Un **diccionario,** para consultar en el momento las palabras que no se entiendan.

— Y un **flexo** para leer sin problemas.

● **Un flexo:**

La luz de la ventana, aunque a veces es muy buena, va cambiando conforme lo hace el sol y, sin darse uno cuenta, puede que la luz natural vaya disminuyendo gradualmente, y tus hijos estén un buen rato estudiando «a ciegas»... Esto es fatal para la vista.

Nunca deben dar los rayos del sol directamente en el libro o en el folio donde se está escribiendo. Si la mesa está junto a la ventana y

entra el sol hasta el fondo, es preferible correr una cortina.

La luz de las lámparas de techo, aunque iluminen bien la habitación, no suelen hacerlo lo suficiente como para poder leer sin esforzarse. Por eso es mucho más indicado tener sobre la mesa un flexo que se pueda mover hasta iluminar desde la posición más correcta posible. Para los «diestros», la luz debe llegar del lado izquierdo, y para los «zurdos», del derecho. Si no, se harán sombra con la mano mientras escriben...

La bombilla más cómoda para estudiar es la de color azul. La blanca da luz amarilla, mientras que la azul da luz blanca. Y la luz blanca descansa más la vista que la amarilla (¡qué cosas!). Pero no sufras: la bombilla azul es igual de cara que las otras.

Lógicamente, no se puede estudiar si se dispone de un buen cuarto, una mesa y una silla adecuadas, una estantería, un flexo y un radiador, pero no se tiene material escolar...

- **El material escolar imprescindible:**

  Lo más fundamental es:

    — Los libros de texto recomendados por los profesores.

    — Un diccionario y un atlas geográfico.

    — Una calculadora para hacer problemas.

    — Reglas y material adecuado para dibujo.

    — Una carpeta «clasificadora» para guardar los apuntes.

— Un «taco» de folios nuevos.

— Varios bolígrafos, lápices, rotuladores y pinturas de colores para poder subrayar, hacer rótulos, esquemas, etc.

Si, además, se dispone de una buena enciclopedia ilustrada y una biblioteca básica, pues mejor que mejor.

Quizá os parezca demasiado exigente quien pretenda trabajar con las herramientas más adecuadas que existan para la tarea que va a desempeñar, pero si queréis que vuestros hijos logren el máximo rendimiento con el mínimo esfuerzo, no os conviene en absoluto añadir inconvenientes a su, ya de por sí pesado, trabajo intelectual. **Sed generosos y poned todos los medios a vuestro alcance para facilitarles la tarea.** Como podéis ver, las herramientas que necesita el estudiante no son tan caras y la inversión, realmente, merece la pena.

Y, por último...

• **El silencio:**

Así como para dibujar o hacer manualidades la música o el ruido no molestan, **para cualquier actividad intelectual el silencio es imprescindible.**

Esto no significa que si no se logra un silencio «sepulcral» absoluto, sea imposible estudiar. Sino que, cuanto más ruido (agradable o molesto, da lo mismo), más difícil resulta la concentración mental. (Y si no, que se lo digan a los jugadores de ajedrez...)

No es raro el estudiante que afirma con toda rotundidad que él «se concentra mucho mejor con música». Ciertamente, si en su casa hay tal jaleo que la música evita enterarse de lo que están poniendo en la televisión, de los coches que pasan de vez en cuando por la calle metiendo un ruido ensordecedor, o de las discusiones acaloradas que entablan los vecinos, justo al otro lado de la pared donde se «intenta» estudiar, entonces puede resultar efectivamente conveniente (e incluso necesario) el añadir al ambiente otro ruido más potente que difumine y oculte los demás. De todos modos, para quien esté en esta triste situación, la música sin letra distrae mucho menos que las canciones de la radio, con anuncios incorporados...

De todos modos, **lo mejor es el silencio.** Si estamos escuchando una música, sea cual sea, el cerebro está intentando «procesar» dos fuentes de información a la vez. Pues, quiera o no el estudiante, de vez en cuando se fijará más en la música que en lo que está estudiando. Y puede que alternando la atención entre las dos cosas, se le pase la tarde sin haber hecho ninguna de las dos... Y, además, termine agotado.

Aun y todo, el más molesto de los ruidos no es la música, sino otra clase que abunda mucho más en nuestras casas, como es: la tele a todo volumen, los portazos, el teléfono sonando a todas horas, el perro ladrando a los vecinos que suben por la escalera, etc.

Si queremos facilitar la tarea al estudiante es preciso hacer un esfuerzo continuo por lograr un verdadero clima de silencio en casa. Dejando el jolgorio, los gritos, la tele y las carreras por el pasillo para otros momentos del día.

Lo preocupante es que hay cada vez más padres dispuestos a gastarse lo que sea en material escolar, pero a los que no les preocupa lo más mínimo el silencio. No se dan cuenta de que, quien no logra el silencio, es muy difícil que pueda emplear eficazmente ese material escolar...

Estrategias del aprendizaje eficaz

Cuando ya, por fin, te pongas a estudiar, si tienes la suerte de hacerlo en tu cuarto de estudio, con una mesa, silla, flexo, y material adecuados y, además, en tu casa se respira un auténtico clima de silencio, ya sólo tienes que conseguir no dormirte sobre la flamante mesa, apoyado en tus apuntes y calentito por el flexo...

¿Cómo hacer para estudiar con eficacia y evitar la monotonía, las distracciones y el sueño?

Primero: **Ponerse una meta concreta** para lograr en un tiempo concreto.

Segundo: **Emprender la tarea con verdadero entusiasmo,** a «contra-reloj», viviendo el presente al máximo *(Carpe diem!),* como si el examen estuviera a la vuelta de la esquina y no tuvieras otra cosa que hacer en la vida que aprobarlo con sobresaliente.

Este es el único método para hacer las cosas bien, poniendo en ellas los cinco sentidos y aprovechando el tiempo y el esfuerzo al máximo. Además, si estudias así, verás cómo se te pasa el tiempo sin darte cuenta y descubres que estudiar no es tan horrorosamente aburrido...

Si de lo que se trata es de estudiarte un tema determinado, **es fundamental que dividas la tarea en varias etapas:**

(1) **Hojea rápidamente, por encima,** todo lo que tengas del tema en cuestión, para ver cómo es de largo, de qué trata en general, de qué material dispones para estudiarlo (apuntes de clase, libros, enciclopedia, etc.).

(2) Comienza a **leer el tema con energía,** sin precipitación, ni lentitud cansina. Al ritmo justo para que vayas entendiéndolo todo y no tengas que volver a leer el mismo párrafo ocho veces...

Si no quieres que se te vaya la imaginación a mil leguas de tu cuarto, es **conveniente que, mientras vas leyendo, aproveches para ir subrayando con lápiz rojo las ideas más importantes,** los nombres y fechas principales, etc. Pero no todo lo que vas leyendo, pues si no, no te servirá de nada.

De este modo, conseguirás tener ocupadas a la vez las manos y los ojos y distraerte mucho menos. Además, cuando se agote el tiempo que tenías previsto para esta labor, podrás evaluar cuánto has leído y qué tal lo has subrayado, y será más difícil que caigas en la tentación de pensar que no se te ha quedado nada y has perdido el tiempo miserablemente...

(3) Cuando haya pasado un tiempo desde que leíste y subrayaste el tema en el libro o en los apuntes de clase, dedica una sesión de estudio a **leerte solamente lo subrayado y,** en un folio aparte, vas haciendo un resumen de todo el tema. Con esto lograrás reducir la teoría al 20% esencial, dejando de darle vueltas a todo lo demás.

④ Una vez que tengas los temas resumidos, tan sólo te quedará **esquematizarlos lo más brevemente posible, y memorizar los esquemas** poco antes del examen.

Este sistema de estudio se podría llamar «el abanico». Pues lo que vamos haciendo, en distintas sesiones, a lo largo del curso es algo así como plegar el abanico, para **reducir poco a poco cada tema a su esencia.** Una vez aprendida (es decir, entendida y memorizada), lo único que te queda por hacer es ir desplegándolo otra vez, en la medida en que te lo pidan para un examen. Si te dan diez minutos, lo desplegarás un poco, poniendo únicamente lo más importante. Si, en cambio, dispones de una hora, lo desplegarás al máximo, explicando lo esencial con pelos y señales...

Quien pretende «empollárselo» todo, sin distinguir la paja del grano, no podrá conseguirlo ni aunque tenga una memoria de elefante. Y, aunque lo consiguiera, no le serviría de gran cosa, pues:

LO MEMORIZADO, SI NO SE HA ENTENDIDO, SE OLVIDA RÁPIDO.

Quien, por otro lado, lo va dejando todo para el final y, tres días antes del examen, empieza a estudiarse un montón de folios (que no se ha dignado ni mirar desde que el profesor los explicó en clase, hace meses...), va de cráneo. Por mucho que corra, no podrá estudiar paso a paso, sino que se verá obligado a leer una sola vez lo que le dé tiempo y, a la vez, entenderlo, resumirlo, esquematizarlo y memorizarlo, cosa que no sabe hacer ni el mismísimo Supermán.

Si, en cambio, te propones seguir este sencillo proceso y vas **descubriendo, entendiendo y memorizando** las principalísimas ideas (lo que sería una «chuleta mental»), **cuando llegue el día del examen, sólo tendrás que acordarte de lo esencial (que es mínimo), e ir desplegando todo lo demás como si fuera un abanico.**

El sistema es utilísimo y, aunque al principio requiere esfuerzo el realizarlo bien, enseguida se convertirá en el mejor de tus aliados y la más discreta de las chuletas que puedas confeccionar, pues la tendrás en la cabeza para siempre.

EN RESUMEN:

ATENDER, ENTENDER Y APRENDER

Para aprender, no basta con atender en clase y entender las cosas. Es preciso también memorizarlas bien para recordarlas cuando sea preciso.

En clase ya se está estudiando, pues se entiende y aprenden nuevas cosas. Pero a veces no da tiempo a retenerlas bien. Para eso, **es preciso apuntarlas y estudiarlas en casa.**

Memorizar mecánicamente cosas que no se han entendido bien es muy duro, y lo que se memoriza así, dura muy poco.

OBJETIVOS CLAROS Y FUERZA DE VOLUNTAD

Para que aproveches bien el tiempo de estudio por tu cuenta, es necesario que te pongas a la obra con la **máxima intensidad** de que seas capaz. Sin desgana ni rutina.

Quien no tiene claro lo que quiere, es muy difícil que lo consiga. Para realizar una tarea con intensidad y hasta entusiasmo, es necesario que tengas **claro el objetivo,** y la **fuerza de**

voluntad para emprender la tarea y terminarla, sin abandonar al primer contratiempo.

EL HORARIO «REALISTA»

El hombre es un «animal de costumbres». Para habituarse a algo, es necesario repetirlo una y otra vez, hasta lograrlo.

Para acostumbrar al cuerpo y a la mente a que se serenen y se pongan al servicio del aprendizaje, **hay que hacerse un horario realista, y cumplirlo.**

Concreta cuántas y qué horas vas a dedicar, cada día de la semana, a estudiar por tu cuenta. Con dos horas y media o tres diarias, debería ser suficiente para un estudiante de Enseñanza Media.

Divide el tiempo de estudio diario en periodos realistas, de aproximadamente una hora, y **deja descansos intermedios.**

Según te cueste más o menos concentrarte, dedica el primer periodo a una actividad más o menos difícil. Piensa que **al principio cuesta más concentrarte, pero estás menos cansado que al final.**

No veas la tele en los descansos, ni hojees

un libro o revista... Haz algo que no te canse la vista, ni te llene el «coco» de ideas. Pues, si no, luego no podrás concentrarte bien.

Dedica cinco minutos, al final del día, para hacer «balance» de cómo has aprovechado tu tiempo de estudio: puntualidad, distracciones, interrupciones, falta de material adecuado, inconstancia, precipitación, etc. Tú mismo has de ser tu evaluador y corregidor: juez y verdugo. Si descubres algún fallo, proponte un auto-correctivo para que no se repita. Y si lo has hecho bien, cuélgate una medalla...

Sólo planificando tu propia vida, evaluando lo que acabas de hacer y **auto-corrigiendo** lo que ves que no haces del todo bien, lograrás aumentar tu fuerza de voluntad.

EL CUIDADO DEL CUERPO

Muchos de los problemas que tienen los estudiantes se deben a su mala salud. Y ésta, en gran medida, a sus excesos en dormir, comer, beber y fumar.

Duerme siempre lo suficiente (unas ocho horas). Sobre todo si al día siguiente tienes un examen. En los momentos difíciles es muy importante que estés bien descansado.

Evita las comilonas excesivas y los regímenes de adelgazamiento «en siete días».

Come frutas, legumbres y verduras frescas. Leche, queso y derivados. **Procura que tus comidas sean variadas y ricas en proteínas,** comiendo a menudo huevos, carne y pescado. Evita el exceso de grasas y dulces. El chocolate, los frutos secos y las legumbres son ricas en magnesio, muy bueno para la memoria.

Mastica bien lo que comas, para no tener después malas digestiones. Y no te pongas a estudiar después de comer. Lo mejor es que te des antes un paseo, o hagas una actividad manual.

Ten mucho cuidado con las bebidas alcohólicas, pues no sólo no estimulan el intelecto, sino que lo van embruteciendo gradualmente.

Descarta las pastillas estimulantes y el café en exceso para aguantar toda la noche estudiando sin dormirte. Pueden destruir tu equilibrio psíquico sin remedio.

Airea de vez en cuando el sitio donde estudias. **No fumes en lugar cerrado,** pues acabarás mal de los pulmones, y eso diminuirá tu rendimiento. Procura, por el contrario, salir de excursión a oxigenarte bien, o practicar algún deporte que te ayude a relajar tensiones, y olvidarte momentáneamente del estudio. Luego rendirás mucho más.

Aprende a controlar tu imaginación. Si no la «domesticas» no te dejará nunca concentrarte en paz. Para eso, quita de tu vista todo lo que pueda distraerte, no veas la televisión y practica la relajación corporal y mental unos minutos antes de ponerte a estudiar.

HERRAMIENTAS BÁSICAS
(Dedicado especialmente a los padres...)

Si queréis ayudar a vuestros hijos a estudiar con eficacia, no añadáis nuevas cargas a sus espaldas. Para todo estudiante, no es sólo conveniente, sino **imprescindible, el disponer de un material adecuado para desempeñar su labor.**

Las herramientas básicas del estudiante son: **un cuarto de estudio** con una estantería para los libros, una **mesa** amplia y una **silla** proporcionada, un **flexo,** un radiador, **material escolar** y, sobre todo, **silencio.** La inversión no es muy grande, pero realmente vale la pena.

Es fundamental, para lograr el hábito de estudiar a diario, disponer de **un cuarto fijo.** Ha de ser amplio y bien ventilado e iluminado. Con una temperatura suave, y en el que nadie pase a interrumpir.

La mesa de estudio ha de ser suficientemente amplia para poder trabajar sin agobios. La silla cómoda, aunque no demasiado confortable, y proporcionada a la mesa y a la estatura del estudiante.

La mesa de estudio ha de estar siempre despejada, y en ella ha de haber: un taco de folios nuevos, hojas para sucio, lapiceros, un diccionario y un flexo para ver sin problemas.

Además, todo estudiante debe disponer de: los libros de texto recomendados por sus profesores, un atlas para consultar, una calculadora, reglas y material de dibujo, carpeta clasificadora para llevar los apuntes, rotuladores y pinturas de colores. Tener en casa, además, una buena enciclopedia ilustrada no es ningún lujo.

Si en casa no hay **silencio y ambiente de estudio,** todo lo demás no sirve para nada. Apagar la tele y no interrumpir al estudiante bajo ningún concepto es el mejor regalo que le podéis hacer (y el más barato).

ESTRATEGIAS DEL APRENDIZAJE

Si quieres estudiar un determinado tema con verdadera eficacia, evitando la monotonía, las distracciones y el sueño, **divide la tarea** en

etapas, márcate un objetivo para cada día, y
empléate a fondo, con verdadero entusiasmo, a
contra-reloj, como si tuvieras que examinarte a
continuación.

(1) Hojea todo el tema por encima, para ver
de qué va.

(2) Léelo con cierto «ritmo», sin precipitación, ni cansinamente. Aprovecha para ir
subrayando con lápiz rojo lo más importante.

(3) Cuando haya pasado cierto tiempo, léete
solamente lo subrayado y, en un folio
aparte, te haces un resumen de todo el tema.

(4) Poco antes del examen, haz un breve esquema de cada resumen, y apréndetelo
de memoria, relacionando lo nuevo con lo que
ya sabías. Pues, lo memorizado, si no se ha entendido, se olvida rápido.

Si tienes claras las ideas principales, cuando
tengas que examinarte bastará con que las vayas **desplegando** como si fuera un abanico,
para acordarte de todo lo demás.

CAPÍTULO V

EN QUÉ CONSISTE UN BUEN RESUMEN

«Resumir» significa «concentrar» lo grande en un espacio pequeño, o «entresacar» de lo mucho solamente lo principal.

Hay quien cree que resumir un tema es copiarlo casi entero pero en un solo folio... Y, para eso, lo único que hace es reducir la letra haciéndola casi ilegible. Eso no vale para nada.

La finalidad del resumen está en...

(1) **Aclarar la estructura del tema, entresacando lo esencial e importante,** y dejando lo demás.

Por eso, si cuando estudias en casa no lo haces pasivamente sino siempre de manera activa, armado de lápiz rojo y regla para subrayar lo principal que vayas descubriendo mientras lees, en el fondo ya estás resumiéndolo, es decir, destacando las ideas principales.

(2) Pero, a veces, eso no es suficiente. Es necesario **pasar esas ideas, seleccionadas mediante el subrayado,** a **un folio aparte,** redactán-

dolas con tus propias palabras y expresiones, entresacando la paja del grano, **ordenándolas jerár-
quicamente** en cuanto a su importancia, y procurando hacerlo del modo más breve posible.

③ Por eso, el resumen **también sirve para
acortar el número de folios que hay que
estudiar** antes del examen ya que lo **único que
de verdad hay que entender y recordar bien es
el resumen.** Lo demás te saldrá solo, sin apenas
esfuerzo. La memoria funciona asociando unas
ideas con otras. De modo que, si somos capaces de
recordar cuando queramos las ideas fundamentales
de un determinado tema, todo lo demás (ideas secundarias, ejemplos, etc.) nos vendrá automáticamente a la cabeza por «asociación».

④ Además, estudiar siempre resumiendo o entresacando lo principal **sirve también para
estar activo y no aburrirse** leyendo una y mil
veces cansinamente los mismos apuntes.

Siempre que uno permanece activo, se le pasa el
tiempo mucho más rápidamente, y no se le hacen
eternas las horas delante del libro...

Quien termina su «sesión» de estudio, habiendo
logrado la meta propuesta de resumir todo el tema
en un solo folio, se levanta de su mesa con una
sensación de triunfo, diciendo para sus adentros:
«He conseguido lo que me propuse en esta hora.
Ya tengo el tema resumido y listo para memorizarlo cuando vaya llegando el día del examen... En
definitiva, mi estudio ha merecido la pena. No he
perdido el tiempo.»

⑤ Otra de sus ventajas es **determinar con
tiempo, qué es lo que tendrás que poner**

y qué deberás dejar cuando estés haciendo el examen «a contra-reloj». Entonces no podrás decidir con calma a qué vas a dedicar tu escaso tiempo, y qué ideas, datos, ejemplos, etc., es mejor dejar sin poner, por falta de tiempo y espacio.

Si no lo tienes claro cuando estudies, en el examen tendrás siempre problemas de tiempo que, en realidad, no son de tiempo sino de **mala organización.**

⑥ Y, por último, si dominas la técnica de resumir, serás capaz de dar **el siguiente paso: esquematizar** lo fundamental en cuatro palabras o ideas clave.

El arte de resumir es una de las técnicas fundamentales que debes dominar, si quieres conseguir de verdad que tu estudio sea eficaz (ya sabes: más rendimiento con menos esfuerzo...). Quien no sepa resumir bien, va a tener que aprenderse todo el «mogollón» de apuntes, libros, etc. No será capaz de distinguir la «paja» del «grano», y como no tenga una memoria de elefante, el estudio se le va a volver cada vez más pesado e insoportable, hasta que no pueda más y tenga que dejarlo...

Características principales de un resumen bien hecho

Brevedad: Hay que hacer un esfuerzo continuo en **no repetir** dos veces la misma idea y en renunciar a lo que no sea esencial. Aunque depende de cada materia, en general un buen resumen debe reducir el texto, más o menos, a un 20%.

Claridad: Para conseguir lo anterior, es imprescindible que entiendas todo el tema, **distinguiendo cada una de las ideas, de las demás.** Si con el resumen no se te aclaran las cosas sino que aún las confundes más, es mejor que lo tires a la basura.

Jerarquía: Consiste en darle más importancia y realce a las ideas principales, subordinando lo menos importante. Para eso, tienes que emplear: recuadros, flechas, letras y todos los símbolos que sepas (o inventes), **con el fin de que lo prioritario destaque sobre lo secundario.** Sólo así quedará claro qué es lo que tienes que estudiarte bien.

Integridad: Si un resumen no es completo, no hay que fiarse mucho de él. El arte de resumir estriba en no confundir el **entresacar** lo principal dejando lo anecdótico, con **recortar** el tema, olvidando cosas importantes, por demasiado afán de brevedad...

Esto es, precisamente, lo que más cuesta al hacer los primeros resúmenes. Que al principio todo parece importante y quedan demasiado largos. Y, sin embargo, cuando se empieza a acortarlos, se dejan de lado ideas esenciales... **Es cuestión de práctica y de no cansarse nunca de estar siempre empezando.**

Ejemplos prácticos

Ejemplo práctico de resumen mal hecho de este capítulo:

RESUMEN DEL CAP. 5 : EN QUÉ CONSISTE:
EL RESUMEN.

Resumir significa comentar lo grande en un espacio
pequeño o entresacar lo mucho o principal.

1 LA FINALIDAD DEL RESUMEN ESTA:

4) Estudiar siempre
resumiendo lo principal
→ estar activo, NO ABURRIRSE
leyendo 1, 100 veces...
5) otra, determinan cont.
que poner y deberan dejar.
6) Si no tienes claro
cuando estudies. En el
examen te organizamos muy
mal.

1) Aclarar la
estructura, ente
sacando lo
importante

2) A veces no
es suficiente. lo
subrayado es
aparte.

3) Por eso el
resumen tb.
sirve para acor-
tar antes del
examen...

2 CARACTESTISTICAS

DISTINGUIR la paja
del grano

BREVEDAD (hay que organizar
una buena idea)

integridad   JERARQUIA → emplear flechas.

Ejemplo práctico de resumen bien hecho de este capítulo:

CAP. 5 | EL RESUMEN |

- "Resumir" = "Reducir" algo a lo principal.
- La FINALIDAD de un buen resumen consiste en:
  → Aclarar la estructura de un tema
  → Distinguir la paja del grano
  → Reducir el nº de hojas para estudiar
  → Estar activo en el estudio
  → Determinar qué hay que poner o dejar en el examen.
  → Poder hacer luego un buen esquema.

- SUS CARACTERÍSTICAS PRINCIPALES SON:
  □ Que sea breve y no repetitivo
  □ Que aclare ideas y no las confunda
  □ Que jerarquice lo principal sobre lo secundario
  □ Que sea completo y no recorte ideas.

¿Con cuál de estos dos resúmenes preferirías estudiar?

CAPÍTULO VI

EL MARAVILLOSO INVENTO DE LA «CHULETA»

Una buena chuleta es un esquema

Aunque parezca mentira, la chuleta es el mejor invento que se ha hecho hasta nuestros días, en cuanto al arte de sintetizar y esquematizar con eficacia el saber científico.

Una chuleta bien confeccionada se distingue de una mala en que reduce maravillosamente muchísimos contenidos en muy poco espacio. Por eso, muchos estudiantes no saben ni hacer chuletas. Lo que hacen, en realidad, son «manuscritos enciclopédicos» donde lo ponen todo, pero con letrilla de pulga... Y luego, en el examen, se las ven canutas para acordarse en qué bolsillo o calcetín tienen cada una de las veintisiete chuletas que se han hecho para un examen de cinco temas.

Una buena chuleta se distingue también de una porquería de chuleta, en que **está perfectamente estructurada y jerarquizada.** De modo que se ve a primera vista (y desde una conveniente distancia...) lo más importante. Que, por otro lado, es casi todo.

En fin: confeccionar una buena chuleta es lo mismo que hacerse un buen **esquema.**

Ya que, tanto las características principales, como la finalidad de ambos es la misma: **reducir al máximo los resúmenes mediante palabras breves (o abreviadas) y símbolos significativos que permitan reconstruir, a partir de ellos, todo lo demás.**

La única diferencia que existe entre el «hacedor» de chuletas y el de esquemas, está en que este último se los aprende y los lleva al examen en la cabeza (cosa que es indudablemente más segura), mientras que el primero no tiene la energía suficiente para dar este último paso del estudio —el puramente memorístico—, y les hace fotocopias reducidas y se las guarda en el bolsillo, en el calcetín o por ahí... arriesgándose a sufrir un infarto cada vez que el profesor se levanta repentinamente y se acerca a él con mala cara.

Características de un buen esquema-chuleta

Brevedad: Lo mismo que el resumen, pero mucho más aún. **Aquí sólo hay que poner ya lo importantísimo.** Las «piezas clave» de todo el «rompecabezas». Lo demás, déjalo de lado. Si en el resumen reducías el tema más o menos al 20%, el esquema tiene que entresacar del resumen otra vez el 20%...

Estructura: Así como en el resumen se trataba de entresacar las ideas más importantes y ponerlas bien estructuradas para que se vean a primera vista las relaciones que hay entre ellas, en el esquema tienes que hacer eso mismo, pero **con los conceptos y palabras más significativos de esas ideas.** Lo principal en un esquema es **conseguir que se vea al primer vistazo la estructura interna de todo el tema,** así como las **relaciones** que hay entre sus partes.

Simbolismo: Para conseguir las otras dos características **es necesario que utilices en tus esquemas, más aún que en tus resúmenes, todo tipo de símbolos:** flechas, círculos, recuadros, llaves, dibujos alegóricos, palabras-clave, etc. Pues sólo de este modo conseguirás «decir», al primer golpe de vista, mucho más que con cientos de frases...

Si te has tomado la molestia de estudiar de un modo «activo», subrayando tus apuntes mientras los lees, resumiéndolos a los pocos días y elaborando un buen esquema-chuleta poco antes del examen, no te merece la pena pararte aterrorizado ante el último peldaño de la escalera que te lleva al éxito... **Ya sólo te queda memorizar ese esquemita** pequeñajo, para poder ir a clase con la cabeza bien alta, con plena seguridad en ti mismo y con un sobresaliente prácticamente en el bolsillo.

Si el profesor te dejara llevar al examen, apuntado todo lo que quisieras de cada tema, en un trocito de papel de cinco centímetros..., ¿serías capaz de suspender? Pues si has hecho lo más trabajoso que es llegar hasta el esquema..., ¿por qué no haces lo más sencillo, que es memorizarlo?

No tengas miedo a dar el último paso del estudio. **Todos tenemos muchísima más memoria de lo que nos imaginamos. Lo malo es que la tenemos muy poco desarrollada por falta de uso.** Las últimas tendencias pedagógicas han insistido tanto en que el alumno ha de **entender,** que muchos han creído que ya no hacía falta **recordar.** Y se han dado el batacazo cuando ha llegado el examen...

Cómo memorizar con eficacia

Solamente necesitas fijarte con atención en lo que quieras memorizar. **Intentando relacionar cada parte** con las demás, y todo lo nuevo con lo que ya sabías.

Por ejemplo, si quieres aprenderte para toda la

vida que la Revolución Francesa sucedió en 1789, sólo tienes que fijarte bien en la relación de orden creciente que guardan los números de esta fecha. ¿A que no es tan difícil?

Es también fundamental para memorizar con eficacia, que, de vez en cuando, dejes de mirar lo que te pretendes aprender de memoria, y **lo pienses mentalmente.** E, incluso, lo intentes escribir de nuevo en un papel sucio, sin mirarlo.

Con cuatro o cinco veces que lo hagas, por difícil que sea el esquema, te lo aprenderás. Eso sí, **si lo has entendido previamente.** (Si no, también se puede, pero con mucho más esfuerzo, y además se te olvidará en seguida...)

Si te cae ese tema en el examen, **sólo tendrás que volver a recorrer mentalmente el camino que has seguido al estudiarlo, pero al revés.** Comenzando por recordar el esquema que has memorizado, y recomponiendo a partir de él el resumen. Y con éste delante, podrás acordarte del tema entero, con pelos y señales.

RECUERDA: PARA MEMORIZAR CON EFICACIA DEBES RELACIONAR CADA PARTE CON LAS DEMÁS Y ENTENDER PREVIAMENTE LO QUE ESTÁS ESTUDIANDO

Ejemplos prácticos

Ejemplo práctico de esquema mal hecho de este capítulo:

ESQUEMA DEL CAPITULO 6.
"EL ESQUEMA".

① Las chuletas son el mejor invento que se ha hecho hasta nuestros días.

→ Muchos alumnos no hacen chuletas sino manuscritos enciCLOPEDICOS (letrilla de pulga)

② BUENA CHULETA es igual a buen esquema.

→ Y TIENE ESTAS CARACTERISTICAS y su FINALIDAD: Brevedad, estructura y simbolismo. SIMBOLOS

• FLECHAS
o CIRCULOS
o RECADROS
, PALABRAS
o ETC.

Ejemplo práctico de esquema bien hecho de este capítulo:

Compáralo con el anterior y descubrirás veinte o treinta «diferencias»... ¡Casi nada!

CAPÍTULO VII

CÓMO SACAR EL MÁXIMO RENDIMIENTO A TUS MÍNIMOS CONOCIMIENTOS

Nadie se libra de hacer exámenes

Es posible que los exámenes no sean el mejor modo de evaluar el verdadero progreso en conocimientos y hábitos intelectuales de los alumnos, pero la realidad es que, aun y todo, pocos son los alumnos privilegiados que se libran de hacer exámenes durante su Enseñanza Media. Y ninguno el que no tiene que pasar por tan duro «trance» en toda su vida.

Los profesores podríamos evaluar el progreso de nuestros alumnos basándonos en la observación directa de su actitud en clase, sus intervenciones más o menos «brillantes» cuando preguntan algo o cuando contestan a lo que les preguntamos mientras vamos explicando la materia. Sin embargo, prácticamente la totalidad del profesorado, sea cual sea el nivel en el que impartimos la enseñanza, recurrimos a los exámenes cuando hemos de evaluar a nuestros alumnos.

Supongo que los motivos por los que «tamaña ofensa» al alumnado no sólo no ha desaparecido con el tiempo, sino que sigue siendo una práctica tan corriente como «internacional», son muchos y variados. Pero a mí sólo se me ocurren tres:

— Que, mientras haya en las aulas una masificación tan agobiante como la que hoy tenemos, y el profesor se vea obligado, cada cierto tiempo, a «evaluar» el progreso de más de treinta alumnos por clase, **resulta mucho más rápido** ponerles un examen cada dos o tres meses (o una sola vez a fin de curso, depende de qué estén estudiando) y dedicar un par de tardes a corregir los resultados, que recurrir a otros procedimientos menos «traumatizantes» para el alumno, pero infinitamente más complicados para el profesor.

— Que, mientras existan alumnos de esos que no pegan ni sello en todo el año y, a fin de curso, vienen —muy ofendidos— acompañados de sus padres, a «pedir cuentas» al profesor sobre por qué les ha suspendido, **resulta mucho más «objetivo»** demostrarles el porqué, enseñándoles la «mugre» de exámenes que han ido haciendo a lo largo del curso, que recurrir a otras «pruebas» como la observación directa del alumno en clase, que pueden resultar mucho más «subjetivas». (Sobre todo, cuando el alumno afirma rotundamente que lo que pasa es «que el profe le tiene manía»...)

— Que, mientras el profesor tenga que explicar

tal cantidad de cosas en clase como actualmente se le exige, **resulta mucho más sencillo** dedicar excepcionalmente una clase a «examinar», y todas las demás a «explicar» o a «hacer prácticas» sobre lo explicado, que preocuparse continuamente de ir evaluando a cada uno de los alumnos, a la vez que se va explicando la materia en clase. Lo cual resulta complicadísimo...

Sea por lo que fuere, la triste realidad es que nadie se va a librar de hacer «controles», «pruebas objetivas, «cuestionarios», etc. En definitiva: «exámenes». Resulta mucho más recomendable dedicar tus energías a prepararlos bien para salir airoso de la prueba, que limitarte a criticar el «Sistema», mientras esperas cruzado de brazos a que te pase por encima y te aplaste...

Y lo peor de todo es que **hacer exámenes no es algo exclusivo de los estudiantes,** sino de todos los que vivimos en sociedad. Pues no sólo en clase, sino en todos los ámbitos de la vida, para conseguir un buen trabajo (o incluso uno malo), para subir de categoría dentro de una empresa, para que te den una beca de estudios, o simplemente que te admitan en la Universidad para poder estudiar una carrera determinada..., el sistema más generalizado consiste en someter a todos los aspirantes a «oposiciones», «concursos de méritos», «entrevistas», etc., que no son sino variantes, más o menos sutiles, de lo que es un examen. (Incluso para ligar en la discoteca, siempre se empieza sometiendo al otro al famoso test que comienza por eso de «¿estudias o trabajas?»...)

No es lo mismo «saber» que «demostrarlo»

Es realmente curioso que sean tantos los estudiantes que hacen exámenes, a montones, y sin embargo, tan pocos los que se paran a reflexionar sobre cuál es la verdadera «esencia» de eso que llamamos «un examen».

Muchos estudiantes piensan que quien corrige un examen debe reflejar en la nota lo que el alumno «sabe», prescindiendo de si lo demuestra o no. Pero la realidad es que todo examen es, en el fondo, una oportunidad de demostrar lo mucho que se sabe.

Si alguien sabe «la tira de cosas», pero a la hora de la verdad se pone nervioso, se equivoca al escribir, se le olvidan las ideas, o contesta a lo que no le han preguntado, no se ha de extrañar de que le suspendan. En realidad no sabe tanto como él cree saber.

Únicamente sabe quien es capaz de demostrarlo cuando lo necesita. Quien se sabe su número de teléfono, pero cuando se lo preguntan «no se acuerda», es que no se lo sabe... Por tanto, no es ninguna injusticia suspender a quien no sea capaz de demostrar con hechos lo mucho que sabe.

Un violinista que sabe tocar maravillosamente el violín, pero que cuando sale al escenario se pone tan nervioso que no da ni una, ¿es un buen violinista? Y un premio Nobel en medicina que cuando va a operar a su paciente, se marea al ver correr la sangre y lo deja morir, ¿es un buen médico? O, para acercarnos a la enseñanza, un «catedrático» que sabe muchísima pedagogía, pero que, a la hora de la verdad, sus alumnos salen de clase igual de ignorantes que entraron, ¿es un buen profesor?

Pues, lo mismo pasa con los buenos alumnos. Para saber de verdad y sacar buenas notas, no basta con tener muchas ideas en la cabeza... Hace falta también saber ponerlas por escrito, o exponerlas oralmente cuando el profesor lo requiera.

Hay estudiantes que sabiendo un montón de cosas, a la hora del examen son incapaces de demostrarlo y fracasan estrepitosamente. Otros, que no saben ni la mitad, sin embargo, en el examen se van animando y parece que ponen el doble de cosas y mucho mejor que los anteriores.

SI QUIERES SACAR BUENAS NOTAS, LO IMPORTANTE, EN MUCHAS OCASIONES, NO ES QUE SEPAS MÁS SINO QUE LO PAREZCA A QUIEN TE TENGA QUE EVALUAR.

Pero, lógicamente, si quieres «demostrarlo» en tus exámenes, tienes que saber con exactitud qué estrategias son más convenientes y cuáles no te convienen en absoluto.

En qué consiste un «buen examen»

Estos consejos que vienen a continuación, y que parecen más bien «maquiavélicos», deberían de ser de todos conocidos y practicados. Pero la triste realidad es que, por el contrario, parece que, cada vez más, los alumnos se empeñan primero en no estudiar o estudiar mal y, después, en hacer sus exámenes tan sucios, confusos y equívocos que se nota a la legua que no han estudiado nada. Consiguiendo incluso, la mayoría de las veces, que el profesor crea que no saben ni siquiera lo que saben... Eso es, simplemente, tirarse piedras en el propio tejado. Quien no se dé cuenta de que lo está haciendo, o no quiera reconocerlo, siempre cosechará mucho menos de lo que ha sembrado con trabajoso esfuerzo. Y, lo peor de todo, es que si esto se hace habitual, llegará tarde o temprano a la conclusión de que por más que estudie, nunca sacará mejor nota y, por tanto, se ha de resignar al aprobadillo raspado o, simplemente, a dejar los estudios...

Es de suponer que, quien corrige los exámenes, no sabe exactamente qué es lo que sabe el que se examina. (Si lo supiera, no tendría que molestarse en averiguarlo haciéndole un examen...) Por esto se ve obligado a «juzgar» sus progresos, según sean las contestaciones que dé a las preguntas formuladas.

Por eso, es preciso que elabores tu examen de tal manera que, cuando el «corregidor» se dedique a estudiarlos detenidamente (si hay suerte), o simplemente a mirarlos por encima (si no la hay), al llegar al tuyo **le impacte positivamente,** causándole una buena impresión, que le haga creer que sabes más de lo que sabes por considerar que tu examen es realmente «bueno».

¿Y QUÉ SE ENTIENDE POR UN «EXAMEN BUENO»?
AQUEL QUE REÚNE ESTAS TRES CONDICIONES:

— LIMPIEZA Y ORDEN.

— REDACCIÓN CORRECTA.

— RIGOR CIENTÍFICO.

Limpieza y orden

Una realidad que te conviene tener siempre presente, sobre todo cuando hagas tus exámenes, es que **el profesor no es una máquina y suele aburrirse mucho más corrigiendo que tú estudiando.**

Cuando el profesor se decide, por fin, a corregir exámenes y, al cabo de dos horas, cuando va por el número veintitrés y ve que aún le quedan un montón sobre la mesa, deja la «mugre» anterior y coge tu examen, si éste le produce una buena impresión inicial, lo leerá con más agrado y eso le predispondrá a ser más comprensivo con tus errores y más propenso a agrandar tus aciertos (cosa que, normalmente, se reflejará en la nota). Mientras que, si después de un examen más o menos «pasable», coge el tuyo y le empiezan a dar náuseas y vómitos... no tienes nada que hacer. Pues, ante un examen chapucero, un «corregidor» asqueado no deja títere con cabeza...

Si quieres poner al profesor de tu lado, es imprescindible que tu examen le cause una buena impresión inicial y, para conseguirlo, es fundamental que cuides con esmero dos factores: la limpieza y el orden.

● La limpieza

Ten en cuenta que de nada te vale «garrapatear» cuatro folios en cincuenta minutos, a toda pastilla, si de ellos, el profesor solamente es capaz de descifrar cinco o seis párrafos... Y, además, lo dejas tan agotado con el esfuerzo investigativo que ha tenido que hacer, que te lo pones en contra.

Más te vale poner veinte ideas claras y legibles, que ochenta confusas, ilegibles y llenas de errores. Por eso, el escribir a contra-reloj no es en absoluto aconsejable para sacarle partido a un examen. No se trata tampoco de que te tomes las cosas con calma y pachorra, sino de que contestes tu ejercicio con cierto ritmo. Es decir, **sin prisas, pero sin pausas.**

Muchos alumnos tienen la idea (falsa) de que lo importante para triunfar en un examen es «no dejarse nada». La verdad es que conseguirían mucha mejor nota, si todo lo que ponen lo pusieran «bien puesto», aunque para eso tuvieran que dejarse algunas cosillas secundarias en el tintero...

Tienes que procurar, desde el principio, que tu examen dé **sensación de limpieza.** Para eso, lo más aconsejable es que sigas las siguientes normas:

① Escribe siempre con **claridad.** Pues quien tiene que leer y puntuar tu ejercicio no eres tú (como en el caso de los apuntes de clase), sino otra persona, que no tiene por qué ser experto en descifrar jeroglíficos. No se trata de que hagas una caligrafía perfecta (pues nadie va a enmarcar tu examen), sino que te acostumbres a escribir de modo que lo que escribes sea inteligible por los demás sin que tengan que hacer ningún esfuerzo especial.

② Procura **pensar antes** de ponerte a escribir. Así no te equivocarás tanto, pondrás cada cosa en su sitio sin olvidarte de ideas que luego no sabes dónde meter y, sobre todo, no tendrás que tachar continuamente.

③ Cuando tengas que tachar algo, **táchalo correctamente.** Quítate la manía de poner entre paréntesis aquello que está mal. Los paréntesis
significan que lo que encierran es algo secundario
o que sirve para explicar mejor lo que va fuera de
ellos. Nunca el poner algo entre paréntesis ha significado que sea falso o incorrecto...

Por tanto, si te has equivocado, tacha. Pero cuando taches, procura que tu tachadura no le dé a
todo el folio apariencia de mugriento. No es recomendable que recurras continuamente al *tipex,*
pues es perjudicial para la salud y, además, usarlo
en un examen es una pérdida de tiempo. De todos
modos, no sufras. Si tus tachones no son muchos,
y son «discretos», tampoco quedan tan mal...

EJEMPLO	
Tachadura mugrienta	Tachadura correcta
dijo ▨▨▨ Platón,	dijo ~~Colón~~ Platón,

④ **Deja siempre márgenes amplios.** Hay
quien no sabe ni qué es eso de los «márgenes» y, por tanto, no les da el más mínimo valor.
Sin embargo, escribir dejando márgenes adecuados
tiene muchas ventajas:

— Da mayor sensación de limpieza y claridad.

— Parece que las contestaciones son más largas
y, por tanto, que pones más cosas, que si
apretujas la letra escribiendo de esquina a
esquina.

— Permite al profesor coger el examen sin tapar nada con los dedos. Y, además, no le obliga a hacer las correcciones o anotaciones que considere oportunas en el canto de los folios.

— Si a última hora te das cuenta de que te has dejado algo verdaderamente importante, puedes anotarlo brevemente en el margen, y no al final del examen...

Y, por si fuera poco ventajoso, **el dejar márgenes no cuesta ni más esfuerzo, ni más tiempo, ni más dinero** (pues los folios para el examen, normalmente, los da el profesor gratis...).

● El orden

Con la limpieza sólo se consigue la primera impresión favorable. Si no pasas de ahí, el «corregidor» en seguida se dará cuenta de que eres un alumno muy limpito y hacendoso, pero que no tienes ni idea...

Es necesario que la limpieza no sea solamente superficial (por fuera), sino también profunda (por dentro). Es decir, la limpieza debe ser siempre compañera inseparable del orden.

Si las ideas están bien redactadas y ordenadas, sobre todo en los exámenes tipo redacción-tema, lucen el doble que si el conjunto da la sensación de desorden y caos. Un examen no es una lista de verdades puestas una tras otra. Lo mismo que una colección de sellos no es un cajón lleno al mogollón...

El orden, es decir, la **adecuada colocación de cada cosa en su sitio, de acuerdo con la relación que guarda con las demás,** es tan importante como la verdad de cada una de las ideas o datos por separado.

Para que tu examen esté bien ordenado, es necesario:

— **Que se vea bien claro dónde contestas a cada pregunta,** es decir, dónde empieza y acaba cada una de ellas. (Sobre todo, cuando las contestas en otro orden distinto.) Para eso, te puede resultar muy conveniente resaltar el número de la pregunta, rodeándolo con un círculo, y al terminar de contestarla, hacer una raya de lado a lado del folio, para que quede bien claro dónde empieza la siguiente.

— **Que pienses el orden más adecuado y lógico en que deberían de ir las ideas** o la argumentación, antes de empezar a ponerlas por escrito. Para eso es imprescindible, si la respuesta es relativamente larga, que te hagas **un esquema inicial** y después lo vayas desarrollando detalladamente.

— **Que sigas una argumentación lógica** y lo más coherente que te sea posible, evitando las repeticiones innecesarias, los saltos bruscos de idea en idea, o la vuelta atrás para explicar algo que debería haber sido comentado mucho antes... Quien escribe «saltando» de idea en idea, como si fuera una colección de telegramas que no tienen que ver unos con otros, da al que corrige su examen la sensación de que no sabe por dónde anda, o que, aunque sepa «cosas», las tiene tan desorganizadas que, en el fondo, no tiene nada claro.

Cuanto más relaciones cada afirmación con las demás, más rigurosa y científica parecerá tu exposición. Y quedará claro que no afirmas las cosas porque sí (ni porque te las ha chivado tu compañero de clase), sino que sabes dar razón de ellas.

— **Que te acostumbres a «destacar» siempre, de algún modo, lo mejor de «tu cosecha».** No puedes arriesgarte a que el profesor, en un descuido, pase por alto las ideas, nombres o datos fundamentales que has puesto y, cuando te vaya a puntuar, lo haga con la sensación de que te has dejado cosas importantes...

Si subrayas, recuadras o rodeas con un círculo lo que te parece «clave», el profesor, quiera o no quiera, lo verá.

— **Que pongas tu nombre y apellidos encabezando todos los folios** que presentes. Y que los entregues **numerados y bien ordenados,** para que el profesor, cuando se ponga a leerlos, no se vuelva loco dándoles vueltas y buscando dónde sigue cada pregunta...

Hay quienes piensan que si un alumno tiene que estar pendiente de todas estas «tonterías» cuando se pone a contestar a un examen, es imposible que le dé tiempo a terminarlo y, por tanto, sacará una nota mucho más baja. Es verdad que la limpieza y el orden no son algo que se adquiere en dos días. Es preciso ir habituándose día a día, folio a folio, para que las cosas nos salgan bien sin tener que hacer un esfuerzo complementario. Pero esta inversión inicial merece la pena, pues aunque no requiere especiales esfuerzos intelectuales, redondea muy bien los resultados. Es algo así como el marco de los cuadros. Aunque no valen tanto como el óleo, hacen que éste valga (o parezca que vale) mucho más...

NI LA LIMPIEZA NI EL ORDEN SE ADQUIEREN EN DOS DÍAS. TENEMOS QUE IR HABITUÁNDONOS POCO A POCO Y ASÍ, AL LLEGAR AL EXAMEN, NO TENDREMOS QUE HACER NINGÚN ESFUERZO COMPLEMENTARIO.

A continuación tienes, como muestra, un ejemplo para que puedas juzgar por ti mismo sobre la impresión que causa un examen presentado con limpieza y orden, y otro más bien sucio...

En uno de los cursos en que di clases hace tiempo, antes de empezar el examen, les di a todos dos folios en blanco. Pues bien, en menos de una hora fueron terminando y me los entregaron.

Este es el folio que encabezaba uno de estos exámenes:

FILOSOFÍA

Andrea López
3ºA , nº 5
20-II-89

① Memoria . Fases del proceso
② Motivación y Afectividad
③ Percepción y sensación
④ Esquema de los principales filósofos

① Memoria :
es la capacidad de recordar antiguas experiencias. Imágenes vistas anteriormente vienen a nuestras mentes. El hombre posee 2 capacidades importantes, la inteligencia y la memoria. la inteligencia es reconocida como lo que es, pero en cambio la memoria ha sido desplazada .
Hay dos clases de memoria, una memoria inmediata y una memoria más duradera . La primera es la que hacemos uso de ella constantemente y nos sirve para recordar cosas durante una pequeña porción de tiempo. En cambio, la 2ª es más duradera y gracias al buen uso de ella se pueden recordar sucesos de cuando eras niña .

Otro de los exámenes, hecho por un compañero de clase del anterior, empieza así:

¿Notas alguna diferencia especial en su presentación?

Pues procura que tus exámenes se parezcan más al primero...

Redacción correcta

Cuando los profesores insisten en que es necesario aprender a «expresarse correctamente», muchos alumnos piensan que se están refiriendo a que hagan mejor la letra.

Pues no. **La expresión correcta y la buena caligrafía no tienen nada que ver...**

Redactar correctamente no consiste en escribir con letra redondilla, sino en emplear la lengua como dicen los lingüistas que se debe emplear. Ni más ni menos.

Quien escribe comiéndose los artículos, conjugando mal los verbos, «pasando» de acentos y comas, poniendo los puntos «al tun tun», desordenando las frases o dejándolas a medias, empleando palabras cuyo significado desconoce, etc., esa persona, simplemente, no sabe escribir.

Cada vez es menos raro encontrarse con estudiantes de Bachillerato que apenas saben expresar —oralmente o por escrito— sus propias ideas, con cierta claridad y precisión.

Pues bien, la lengua no es, ni más ni menos, que un **instrumento inventado por los hombres para poder transmitirse unos a otros lo que están pensando.** Quien tenga alguna idea en su mente y no disponga de un vehículo adecuado para hacerla llegar a las mentes ajenas, se ha quedado aislado en el Universo Mundo. Es algo así como un mudo analfabeto.

Pero quien use la lengua de un modo tan «peculiar» que, cuando dice algo, los demás entienden otra cosa distinta, ése está en peores condiciones, incluso, que si fuera mudo. Nadie le comprenderá,

y todo lo que diga será sistemáticamente tergiver-
sado.

Siendo esto así, el estudiante que no sabe expresar sus propias ideas, no se ha de extrañar de
que el que corrija sus exámenes no se entere de
nada o entienda cosas que él no ha querido decir.
Y, lógicamente, sacará mala nota.

Aprender a usar correctamente la lengua, tanto
hablada como por escrito, es algo absolutamente
básico e imprescindible para quien quiera prosperar en el estudio. Quien pretende llegar a ser un
intelectual famoso, un científico importante, un
doctor en Leyes, etc., sin aprender a expresarse
correctamente, es como el iluso que quiere llegar
a batir el récord olímpico de los cien metros, sin
aprender previamente a andar... ¡Lo tiene claro!

Si quieres sacar el máximo partido a tus conocimientos, a la hora de hacer exámenes, **es fundamental que aprendas a expresarte con corrección.** Para eso te puede ayudar mucho el seguir estas sencillas **normas**:

(1) Procura **afirmar o negar con claridad,** evitando expresiones ambiguas y farragosas, de
esas que no dicen nada.

(2) No elabores frases demasiado largas y complicadas. Procura expresarte con **frases cortas y precisas.**

(3) **Piensa en lo que vas a poner** y cómo lo vas
a poner, **antes de ponerlo.** Así te evitarás
muchos errores gramaticales y tachaduras.

(4) Ten mucho cuidado con **las faltas de ortografía.** Puede que en muchas materias, como

la Química o las Matemáticas, no te bajen la nota por eso. Pero cada falta de ortografía que el profesor descubra en tu examen es como una mancha de tomate en tu camisa... La impresión que le producirás será de ignorante y chapucero. Y eso no te beneficiará en absoluto.

Si de verdad quieres corregir tus faltas de ortografía, es preciso que vayas descubriendo cuáles son las que habitualmente cometes. Si, cada palabra que no sabes escribir correctamente, la apuntas en un folio aparte, en quince días tendrás una lista de uno o dos folios. Entonces te repasas la lista hasta aprendértelas todas (lo cual no es tan difícil como a ti te parece). Y, de vez en cuando, vuelves a coger la lista, se la das a un amigo y le vas diciendo (sin mirar) cómo se escribe cada una de las palabras, por si ya se te ha olvidado alguna...

Verás cómo, en menos de un mes, dejas de ser un «analfavextiajortográfico». O al menos, reduces considerablemente el número de faltas de ortografía que se te cuelan habitualmente.

Después, la cosa es coser y cantar. Porque quien escribe correctamente, cuanto más escribe, más se le graban en la mente las palabras bien escritas. Y cuando se le escapa alguna falta, en seguida se da cuenta, porque «salta a la vista»...

De todos modos. Si en el examen dudas de la ortografía correcta de una determinada palabra, cámbiala por un sinónimo o una expresión equivalente. No te arriesgues a meter la pata.

Rigor científico

El tercer elemento que caracteriza a un examen como «bueno» es el rigor científico con el que está escrito.

Aunque lo ponga el último, no por eso es menos importante que los demás. Al contrario. Tanto la limpieza y orden, como la redacción correcta son algo así como el marco que rodea a una pintura. Sin marco, el óleo quedaría desamparado. Parecería menos valioso. Perdería contundencia... Por eso, la estética y buena redacción de tus exámenes es fundamental.

Pero no por eso vayas a pensar que el marco es lo más valioso de un cuadro. Lo que realmente vale es lo que el marco enmarca. Es decir: el óleo.

En tus exámenes pasa lo mismo. La estética y la expresión gramatical las tienes que cuidar en todo momento, pero a lo que realmente te tienes que dedicar es a pintar bien tu óleo. Es decir, a responder a lo que te preguntan con auténtico rigor científico.

¿Qué podemos recomendar para que tus exámenes ganen en este punto (o, al menos, lo parezca...)?

① **No des nada «por supuesto».** Aunque es de suponer que el profesor ya sabe qué quieres decir, es imprescindible que tú lo digas y expliques tus afirmaciones para que quede bien claro que sabes lo que dices.

(2) Evita las expresiones ambiguas o de doble sentido, que pueden ser malinterpretadas por el «corregidor». Vale más que pongas cuatro cosas bien puestas, que cuatrocientas «verdades a medias», más o menos difusas. **Por eso, tienes que aprender a expresarte con la máxima precisión terminológica posible.** Así, lo que digas, quedará bien claro y no se podrá interpretar de un modo equivocado.

(3) Procura que tu argumentación sea en todo momento lógica y coherente. Es decir, que no te contradigas, ni saques conclusiones de un modo incorrecto. Lógicamente, para eso, tienes que tener muy claro lo que quieres decir y razonar impecablemente.

(4) Cuando se trate de resolver un problema de cálculo numérico, **explica los pasos que estás dando,** y procura no saltarte ninguno «para abreviar». De ese modo, si te equivocas en alguna operación y la solución final es incorrecta, el profesor podrá averiguar dónde te has equivocado, y ponerte algún punto por plantear bien el problema...

(5) Destaca con absoluta claridad las soluciones de los problemas y las ideas clave de tus respuestas. No te permitas el lujo de que el corregidor esté pensando en otra cosa y crea que tus respuestas son incorrectas.

(6) Y lo más importante de todo: **no metas «entre col y col, una lechuga».** Siempre es preferible que el profesor eche en falta algo que deberías haber puesto, que encontrarse de repente con un error de esos gordos, que echan por tierra

todo tu ejercicio. Ten en cuenta que, cuando el profesor piensa qué nota te va a poner, vuelve a mirar por encima la pregunta que te acaba de corregir con rotulador rojo «fosforito». Y si la ve toda salpicada de correcciones y tachaduras, como un *ecce homo*, te pondrá una miseria de calificación.

Diferentes tipos de examen y estrategias concretas para prepararlos

Hay muchos tipos de examen, y cada uno tiene sus técnicas especiales, tanto para prepararlo, como para resolverlo. Por eso, ahora que ya tienes claro qué es, en general, un examen bueno y cómo has de procurar hacerlo, tienes que dar un nuevo paso, para concretar lo peculiar y característico de cada tipo de prueba con la que te puedes encontrar.

Dice el refrán que «cada maestrillo tiene su librillo» y, por tanto, también tiene «su modo concretillo de examinar a sus alumnillos»... Pero, en general, podemos dividir todo tipo de pruebas examinatorias en **cinco tipos:**

- **Redacción-tema.**
- **Preguntas breves.**
- **Problemas numéricos.**
- **Tipo test.**
- **Examen oral.**

• Examen tipo redacción-tema

Normalmente estos exámenes, en los que solamente se da el título del tema (o varios a elegir uno), y hay que desarrollarlo todo entero en el tiempo previsto, suelen ser más propios de la Universidad que de las Enseñanzas Básicas o Medias, aunque en el Bachillerato ya comienzan a causar estragos...

Lo que sí suele ser corriente es el examen mixto, compuesto de una pregunta más larga (que vale tres o cuatro puntos) y varias más breves.

¿Cómo has de prepararte para un examen de este tipo?

En primer lugar, averiguando, cuanto antes, si el examen va a ser así o no. Esto, por otro lado, es una medida que tienes que tomar con todos los profesores (por lo menos con los que se dejen). **La manera de examinar puede determinar un modo más adecuado que otros de estudiar.**

Si sabes que el examen va a consistir en desarrollar todo un tema, o algo parecido, te conviene estudiar fundamentalmente **entendiendo las cosas con absoluta claridad.** Si no lo haces así, al llegar al examen, tendrás las ideas «cogidas con alfileres», te harás un lío y no sabrás por dónde andas.

Es más útil tener cuatro ideas «clave» de cada tema, que un montón de ideas secundarias y un puñado de datos eruditos que no sabes luego dónde colocar.

Piensa que en este tipo de examen, el profesor va a evaluar lo que sabes, pero también tu modo de expresarlo, tu manera de argumentar, de explicar las cosas, de sacar conclusiones, de comparar, criticar, etc. No caigas en la tentación de hacer un examen esquemático, pues te cabrá todo en un solo folio y, por bien que esté, te pondrán un cuatro...

Si de verdad has cogido las cuatro ideas básicas de cada tema, y te has estudiado más o menos cosillas, desarrollos y algún que otro dato erudito para meter por aquí y por allá, puedes estar tranquilo. Si te cae el tema, no te vas a quedar callado sin saber por dónde empezar.

Por otro lado, también **es fundamental que te aprendas de memoria un breve esquema** para desarrollar ordenadamente cada uno de los temas que entren en el examen. Si no, a la hora de la verdad te confundirás de tema y te pasarás de uno a otro, se te olvidarán puntos importantes y te quedará la cosa tan desordenada que el profesor pensará que no tienes nada claro y que no sabes por dónde andas.

¿Cómo has de hacer este examen?

Primero, **comienza por recordar el esquema que te habías aprendido.** Pon de encabezamiento algo así como «voy a desarrollar el tema tal, siguiendo el siguiente orden», y escribe con claridad tu esquema, como si fuera un índice.

No sufras por el tiempo «perdido» que dediques a recordar y poner tu esquema por escrito. Pues no es un tiempo perdido, sino «ganado», ya que, a partir de este momento, ya no tendrás que hacer esfuerzos rememorativos para ir acordándote de las cosas, pues tendrás el hilo conductor delante de tus ojos. ¿Qué más quieres?

**Lo único que te queda por hacer es ir desa-
rrollando ordenadamente tu esquema inicial**,
procurando no enrollarte demasiado en algún punto concreto, para que al final no tengas que correr
a toda pastilla para poder terminarlo en el tiempo
disponible.

Lógicamente, cuando te pongas a la faena, no te
metas tan a fondo en la redacción que te olvides
del reloj. Tienes que tener siempre muy presente
cómo vas de tiempo y **darle a cada cuestión el
tiempo proporcional al valor que tiene dentro
del conjunto.** Si es algo verdaderamente importante, no lo expliques con cuatro palabras. Aunque
te parezca ya lo suficientemente claro, piénsalo un
poco más y explícalo con más detalle. Y si lo que
estás escribiendo es de poca importancia, no te enrolles contando con pelos y señales un ejemplo que
dijo en clase un día que estaba aburrido. Estarás
perdiendo un tiempo valioso, y el «corregidor»
cuando lea tu examen pensará que ya no sabes qué
poner...

**Un examen tipo redacción-tema no debe ser
ni esquemático, ni desproporcionado.** A cada
punto del tema dedícale el espacio de papel y el
tiempo proporcional a su valor. Y, por si el profesor
lee tu ejercicio medio dormido, **subraya o destaca
de algún modo lo que consideres más importante**: las ideas fundamentales, los nombres, autores, títulos de obras o escuelas que creas que el
profesor no debe pasar por alto sin darse cuenta
de que las sabes.

Por último, un consejo importantísimo. Dedica
los últimos minutos a repasar rápidamente todo el
ejercicio. Seguro que descubres un montón de erro-

res que se te habían colado sin darte cuenta: fechas incorrectas, nombres mal puestos, frases absurdas, faltas de ortografía, cosas que sabes pero que «misteriosamente» has escrito justo al revés, etc.

• Examen tipo preguntas breves

Son de este tipo la mayoría de los exámenes que los profesores de colegios e institutos suelen poner a sus abnegados y sufridos alumnos.

Consisten en unas cuantas preguntas que valen medio, uno o dos puntos, más o menos.

¿Cómo conviene que los prepares?

Para prepararlos no es tan importante memorizar un esquema de cada tema o lección, ya que lo más probable es que el profesor pregunte alguno de los apartados concretos de cada tema.

Pero sí **es importante que tengas claras las cuatro ideas básicas de cada tema,** pues te servirán como «comodines» que puedes meter en cualquiera de sus partes. (Porque las ideas centrales siempre vienen a cuento.)

De todos modos, para preparar bien este tipo de exámenes es conveniente que estudies detenidamente cada uno de los apartados del tema. **Hazte un resumen de cada tema, en el que pongas la idea o ideas principales de cada apartado,** y apréndetelas de memoria, relacionándolas con lo que ya sabes. Si estudias así, cuando te caiga cada una de estas cuestiones concretas en el examen, podrás dejar bien claro que sabes de qué va la pre-

gunta. Es decir, que has entendido perfectamente la esencia de la cuestión, y que incluso puedes explicarla y añadir detalles secundarios, si dispones de tiempo.

¿Cómo proceder cuando ya estés delante del examen?

Primero, **tranquilizándote.** Si estás nervioso no puedes concentrarte bien, y si caes en la tentación de pensar «esto no me lo sé», entonces es muy posible que efectivamente te quedes «en blanco», te entre el pánico, te corra el sudor frío por la frente, y te pases el verano con la toalla, la crema bronceadora y el libro de texto...
Lee detenidamente todas las preguntas y ave-

rigua, antes de empezar, cuánto vale cada una, pues no es lo mismo que valgan todas dos puntos, que su valor oscile de medio a dos y medio... Tu profesor tiene el deber de informarte de este «detalle» tan importante, y tú el derecho de ser informado. (Y si no, reclama al Defensor del Pueblo, que tienes el caso ganado...)

Una vez enterado de su valor, **calcula rápidamente cuántos minutos puedes dedicar a cada una.** Si dispones de 50 minutos (reales) para contestarlas a todas, y el examen vale 10 puntos, te sale a 5 minutos por punto. Es decir, que deberás dedicar, más o menos, 2 minutos y medio a las preguntas que valgan medio punto, y en cambio 15 minutos a las que valgan 3 puntos...

No seas ingenuo y te dejes el reloj en casa. Pues para un examen el reloj es mucho más importante que los zapatos. Una vez calculado el tiempo que has de dedicar a cada cuestión, **empieza por las que te sabes,** aunque para eso tengas que cambiar el orden de las respuestas. Eso sí, **señala bien claro dónde empieza y dónde termina cada una,** para que el «corregidor» no se vuelva loco en casa dándole vueltas a tu examen para ver dónde has metido cada pregunta.

Para eso es conveniente que destaques el número de la pregunta rodeándolo con un círculo. Y que, al terminar, hagas una raya de lado a lado del folio, para que se vea a la legua dónde empieza la siguiente.

Otra cosa fundamental a tener en cuenta es el **no enrollarse con lo anecdótico,** por mucho que te guste. Si la pregunta vale un punto, aunque le dediques 15 minutos y la claves con pelos y señales, no te van a dar punto y medio... Y, sin embargo, otra pregunta que podías haber explicado mejor, es posible que la tengas que dejar a medias por falta de tiempo, y ahí pierdes puntos...

El éxito en los exámenes de este tipo está en la organización. Si sabes en todo momento por dónde vas y de qué tiempo dispones, no te pillará el toro, ni tendrás que suplicar al profesor, con lágrimas en los ojos, que por favor te deje dos minutos más...

Por último. **Dedica unos minutos a repasar todo el ejercicio.** Es muy probable que descubras un montón de cosas que puedes corregir en un momento y que, indudablemente, te subirán puntos.

• Examen tipo problemas numéricos

Este tipo de exámenes es propio y exclusivo de asignaturas de cálculo, como Matemáticas, Física o Dibujo.

¿Cómo has de prepararlo?

Para prepararlo, **es fundamental que te aprendas —es decir, entiendas y recuerdes— las fórmulas** que hay que aplicar para resolver cada tipo de problemas.

Para eso te vendrá muy bien tener una lista en tu cuaderno de clase, donde vayas poniendo, y explicando, todas las fórmulas nuevas que vayan saliendo.

También **tienes que saber dónde aplicar cada una de ellas,** pues si no, a la hora de la verdad te harás un lío y no te saldrán las cuentas... Ahí está la diferencia entre quien estudia entendiendo y quien memoriza mecánicamente sin enterarse apenas del porqué de cada fórmula, teorema o demostración.

Si tienes la cosa clara no sufras. El cálculo es como sumar (pero a lo bestia). Si sabes sumar, ya te pueden poner sumas largas y complicadas, que no habrá ninguna que se te resista...

Suele dar muy buenos resultados preparar este tipo de examen en equipo, es decir, con uno o dos compañeros de clase. Pues lo que no se le ocurre a uno, se le suele ocurrir a otro y así no te quedarás atascado intentando hacer un problema y sin saber por dónde seguir.

¿Cómo hacer este tipo de exámenes?

Siguiendo las normas generales del examen tipo preguntas breves, pues al igual que aquéllos, éstos suelen estar divididos en varios problemas con diverso valor.

Por eso es **fundamental que averigües por anticipado cuánto vale cada problema y que distribuyas proporcionalmente tu tiempo, de acuerdo al valor de cada cuestión.**

En este tipo **es mucho más fundamental aún que empieces por lo que sabes;** después sigas con lo que tienes dudoso, y al final, si aún dispones de tiempo, te dediques a darle vueltas y más vueltas a lo que no sabes ni por dónde coger... Si caes en la tentación de hacerlo al revés, al final no tendrás tiempo para hacer lo que te sabes, te pondrás nervioso, te precipitarás y meterás la pata en la cosa más tonta...

Recuerda que **las operaciones deben ir acom-**

pañadas por breves explicaciones que demuestren al profesor que sabes por dónde vas, y se le quite la sospecha de que le has copiado al compañero. Además, si te equivocas en alguna operación, es posible que el profesor lo descubra y no te ponga un cero redondo.

Recuadra o **destaca de alguna manera la solución final de cada problema.** Y escribe los números y símbolos especiales **con absoluta claridad.** No vaya a ser que al corregidor le parezca que has puesto lo que en realidad no querías poner, y te baje la nota.

Ojo con los repasos finales. Si te lees todo el ejercicio antes de entregarlo, es posible que descubras algún error, y lo corrijas. Lo cual está muy bien. Pero también es posible que, con las prisas, «corrijas» lo que en realidad estaba bien, y la fastidies... Así que ten cuidado con las prisas, que no son buenas consejeras.

● **Examen tipo test**

Hay muchas variedades de exámenes de este tipo. Pero lo principal a tener en cuenta para enfrentarse a ellos con éxito es lo siguiente:

¿Cómo prepararlos?

Como las preguntas de un cuestionario que se responde con absoluta brevedad tienen que ser muy concretas, **es lógico que estudies la materia fijándote en pelos y señales.** No es que te vayan a preguntar únicamente tonterías anecdóticas, pues muchas de las preguntas se referirán a cuestiones fundamentales, pero como el «formato» de este tipo de pruebas objetivas obliga a responder con palabras o expresiones muy determinadas, es preciso que te las sepas. Si no, por mucho que sepas «en general» de la asignatura, fracasarás estrepitosamente.

Te puede resultar muy útil desmenuzar tema a tema todo su contenido en preguntas puntuales y, así, hacerte una lista de preguntas y respuestas sobre toda la materia que entra en cada uno de los temas.

Luego, te vas aprendiendo (entendiendo y memorizando) cada una de ellas. Incluso, las puedes repasar «en plan concurso», con algún compañero, para ver en cuáles fallas. Una vez detectadas las dudosas, te las vuelves a estudiar... De este modo, tu mente se acostumbrará a descender al detalle concreto, al nombre, a la fecha, a la característica de tal o cual cosa, que es, precisamente lo que te van a preguntar con un examen tipo test.

¿Cómo responder a los cuestionarios?

Primero, **averiguando cuántas preguntas es necesario contestar bien para aprobar y qué valor tiene cada una,** para distribuirte bien el tiempo disponible entre todas.

Después, **saber si alguna pregunta penaliza** (baja la nota) si se contesta mal. Pues, en este caso, tendrás que contestar primero a las que sepas con absoluta certeza, y luego arriesgarte lo justo para asegurarte el aprobado. Mientras que si los fallos no penalizan, lo recomendable es que no te dejes ninguna sin contestar, pues nunca se sabe, a lo mejor al azar, aciertas unas cuantas...

Es importantísimo en este tipo de examen **que leas con sumo cuidado qué se pregunta exactamente en cada cuestión y cómo hay que contestar a cada una.** Puede ser que tengas que ir tachando las respuestas que son falsas, o poniendo una cruz en todas las opciones verdaderas, o únicamente en la más verdadera de todas las opciones... Cada test tiene su sistema propio para ser respondido y, si no te enteras, porque no te lees detenidamente las instrucciones (que suelen ir debajo con letra menuda...), es muy fácil que te equivoques y lo hagas todo al revés.

En las preguntas en que hay que decidir entre varias respuestas, no te precipites. **Lee** con cuidado **todas las posibles soluciones y decídete por la mejor** de todas. A veces hay truco, y la primera respuesta es «medio verdadera», pero la cuarta es más verdadera que la primera...

Si dudas mucho, vete eliminando las que te parezcan absurdas y están ahí de «relleno» y, al final, decídete por una de las que te queden. Pero **no te lo pienses demasiado** pues puede que estés perdiendo un tiempo muy valioso.

Sobre todo, **contesta primero a las que te sepas y deja las demás para una segunda vuelta más pausada.** No se te vaya a quedar alguna fácil sin contestar por perder demasiado tiempo rompiéndote la cabeza en otras más complicadas.

Y, por último, **repasa como siempre** tus respuestas, **pero teniendo mucho cuidado en corregir sólo lo que hayas puesto realmente mal.** No vayas, al final, por repasarlo demasiado rápido, a estropear lo que estaba bien puesto.

● Examen oral

Estos son, indudablemente, los más «emocionantes».

En los colegios e institutos no son muy frecuentes, aunque sí se estila más eso de sacar a uno a la pizarra y «coserlo» allí a preguntas... En el fondo, esto es también una forma de examinarte «oralmente» y tienes que estar preparado, por si te toca.

Cuando oigas tu nombre y a continuación eso de: «sal a la pizarra», procura que no te tiemblen las piernas, ni que se te ponga cara de cordero llevado al matadero, pues eso equivale a reconocer desde el principio que no tienes ni idea... Ya que no tienes más remedio que salir, **pon la mejor cara que seas capaz de poner** (por ejemplo, la de los domingos), y avanza con paso firme y decidido, como quien va triunfante a demostrar su sabiduría profunda.

Cuando oigas la pregunta, **no contestes precipitadamente.** Respira hondo, y piensa primero qué vas a contestar y cómo lo vas a hacer. Y **si no la entiendes bien, pide amablemente que te la aclare,** antes de arriesgarte a meter la pata contestando a otra cosa, y que te tengan que corregir. Pero contesta con cierta rapidez. **No te lo pienses demasiado,** pues, a lo mejor, el profesor pierde la paciencia y te manda sentar sin dejarte hablar...

La gran ventaja de los exámenes orales está en que en ellos se le está viendo la cara al «corregidor» y, si se le pone el ceño fruncido... ¡mala cosa! Eso quiere decir que vas por mal camino. Luego, si eres suficientemente astuto, comenzarás rápidamente, y sin dejar de hablar, a maniobrar sutilmente para probar suerte por otros derroteros... «a ver qué cara pone». Mientras que, en los exámenes escritos, te puedes estar media hora contestando a lo que no te piden y cavando así tu propia tumba sin darte cuenta.

Cuando te examinen oralmente es recomendable que **nunca te quedes callado mirando al suelo.** Más vale que te tengan que decir: «¡Basta, basta. Vete a tu sitio!» Que eso de: «¿Qué? ¿No se te ocurre nada?» Además, no se sabe por qué será, pero cuando uno se decide a romper el silencio y empieza a hablar, se le van ocurriendo nuevas ideas sobre la marcha. (Es una especie de «inercia verborrea».) Mientras que, si se para y empieza a temblar, y a pensar que no sabe por dónde seguir..., se le van las pocas ideas que tenía en la cabeza y no sabe ni por dónde empezar de nuevo.

Si estos consejos no te convencen demasiado y quieres profundizar más en el espinoso tema de las

pruebas orales, lo más recomendable es que hagas
un **cursillo intensivo de Oratoria** que, para esos
menesteres, es una cosa muy útil.

Noches en blanco, estimulantes y «diarrea mental»

Pocos son los estudiantes que se libran de tener
un «amiguete» de esos que presumen de quedarse
las noches en blanco, estudiando, a base de cafés
y pastillas, la víspera de los exámenes.

Puede que en un determinado momento esta
práctica les pueda salvar de un suspenso seguro,
pero lo que está bien claro es que **el cerebro humano es como una máquina que, si la fuerzas,
te la cargas.**

Quien la víspera del examen tiene un montón
de cosas sin estudiar, por haberse descuidado durante el curso, o por tener habitualmente un método de estudio lento y cansino, y se ve en la «necesidad» de quedarse toda la noche estudiando,
está jugando a un juego muy peligroso...

**El cuerpo humano tiene sus límites. Y uno de
ellos es la necesidad de dormir un determinado
número de horas diarias.** Quien, por uno u otro
motivo, no le da al cuerpo más o menos ocho horas
de descanso por la noche, no puede luego pedirle
que rinda «a tope» durante el día. Es por eso lógico
que, quien hace excesos estudiando «hasta las tantas», al día siguiente esté como ausente, atontado
y medio dormido. Y en esas condiciones es dificilísimo que pueda dar de sí todo lo que, en condiciones normales, podría.

Si, además, el dejar el estudio para la noche anterior al examen **pasa a ser una costumbre habitual...** la cosa empieza a ser ya grave. Porque **tanto el cuerpo, como la mente, tienen sus ciclos de actividad y descanso.** Y, del mismo modo que si unos días comemos a las dos, y otros, a las seis, acabamos con el estómago hecho polvo, si obligamos a nuestra mente a seguir trabajando sin darle el merecido descanso, y a que duerma a ratos y de mala manera, podemos acabar destarifados, con jaquecas, ausencias, insomnios, amnesias o cualquier otra porquería mental, de esas que tanto abundan en nuestros días.

> EL DÍA ESTÁ HECHO PARA TRABAJAR CON INTENSIDAD Y LA NOCHE PARA DESCANSAR CORPORAL Y MENTALMENTE. ASÍ, AL DÍA SIGUIENTE SE ESTARÁ EN PLENA FORMA PARA RENDIR A TOPE.

A ningún corredor se le ocurre la brillante idea de quedarse toda la noche anterior a la competición entrenando en el gimnasio, porque sabe que, si lo hace, al día siguiente será incapaz de moverse... Ya sabes que un estudiante es como un atleta. **Si de verdad quieres sacar el máximo del mínimo esfuerzo, es imprescindible que aprendas a organizarte** y la organización empieza por la buena distribución del tiempo.

Si te hicieras un horario realista y lo cumplieras a diario, verías cómo no se te acumulaba ningún montón de folios para estudiarlos la víspera del examen.

Por otro lado, lo **que se estudia inmediatamente antes del examen no suele «digerirse»
bien, y produce indigestión mental.** De modo
que, aunque se supere el examen más o menos
bien, no ha habido aprendizaje real, sino pura retención momentánea de datos e ideas que se olvidarán en seguida. Quien hace de esta práctica algo
habitual, poco a poco irá acumulando lagunas que
cada vez serán más grandes y más difíciles de su-
primir. Día a día le costará más entender lo que
el profesor explica en clase, o lo que pone en su
libro de texto, porque ha olvidado o, mejor aún,
nunca ha aprendido cosas que resultan imprescindibles para poder entender las siguientes.

**La víspera del examen es un buen momento
para repasar** lo aprendido día a día, **hacerse algún esquema de última hora y memorizarlo,** resolver algún punto conflictivo que no se ha terminado de entender... En resumen: **atar los últimos
cabos sueltos.** Pero no es, ni mucho menos, el
momento de empezar a leer y subrayar los apuntes
de clase que no has mirado desde que los tomaste
hace dos meses...

Por otro lado, como al cuerpo no le hace ninguna
gracia que no le dejes descansar, lo normal es que
«se rebele», y en cuanto te descuides, te quedarás
dormido encima del libro, al calorcillo del flexo.
Entonces pasarás toda la noche encorvado sobre la
dura mesa y, cuando salga el sol, no podrás ni mover los huesos...

Para evitar eso, algunos alumnos «espabilaos»
han descubierto la química: se preparan un termo
lleno de café hasta el borde, unas cuantas pastillas
estimulantes y música rock a tope... Con estos in-

gredientes, no se duermen en toda la noche, ni a tiros. ¡Faltaría más!

Si encima de esforzarte durante el día en una actividad agotadora, como es el estudio, no descansas por la noche, para poder estudiar y, además le metes química al cuerpo, **estás acabando contigo y con tu propio porvenir.** En poco tiempo, estos excesos te empezarán a dar problemas de insomnio, concentración, dolor de cabeza, úlceras, etc., que te obligarán a tomar otra serie de pastillas para poder relajarte y dormir. Con lo cual, muchos estudiantes, sin apenas darse cuenta, han pasado, en pocos cursos, a engrosar las filas de los desquiciados. Con o sin título universitario...

En resumen: **no es nada aconsejable que trasnoches para estudiar la víspera del examen.** Lo menos malo que te puede pasar es que al día siguiente estés hecho polvo, no te puedas concentrar con las preguntas, te mueras de sueño y se te produzca en el coco una especie de «diarrea mental» que te impida ver con lucidez y expresar con claridad tus ideas.

Eso es lo menos malo. Pero tiene remedio: estudias a unas horas sensatas, duermes lo necesario, te vuelves a examinar y ya está.

Lo verdaderamente malo de esta costumbre es que te puede hacer adicto a la noche, al café y a los estimulantes. Y, de esta manera, por obtener mejores resultados académicos —cosa muy loable y meritoria—, echas a perder tu constitución física y psíquica, cosa mucho más importante. La salud tiene un valor incalculable para todo, y quien la pone en peligro, la puede perder de un modo irreparable. Si no te lo crees, pregúntale a cualquier psicólogo cuántos estudiantes van a su consulta por estos motivos u otros parecidos...

EN RESUMEN:

NADIE SE LIBRA DE HACER EXÁMENES

Casi todos los profesores recurrimos a los exámenes, pues, aunque a veces sea «traumático», hoy por **hoy resulta el método más rápido, más objetivo y más sencillo de evaluar** el progreso de nuestros alumnos.

Examinarse no es algo exclusivo de los estudiantes. En cualquier ámbito de la sociedad se somete a las personas a oposiciones, concursos de méritos, entrevistas, etc. Hasta para sacarse el carné de conducir...

SABER Y DEMOSTRARLO

Sólo sabe de verdad, quien es capaz de demostrarlo cuando lo necesita. Por tanto, no es injusto suspender a quien sabe mucho pero es incapaz de demostrarlo en una prueba objetiva.

Muchos estudiantes que saben un montón de cosas son incapaces de demostrarlo en sus exámenes y fracasan. Mientras que otros, que no saben ni la mitad, «se crecen» y parece que ponen el doble de cosas que los primeros...

Si quieres sacar buenas notas en los exámenes, lo importante no es que sepas más, sino **que lo parezca** a quien los tenga que corregir.

QUÉ ES UN «BUEN EXAMEN»

Un examen realmente «bueno» es aquel que reúne estas condiciones: **limpieza y orden, redacción correcta y rigor científico,** porque logra impactar positivamente al profesor y responder con claridad a lo que se pregunta.

LIMPIEZA Y ORDEN

El profesor suele aburrirse mucho más corrigiendo, que tú estudiando. Por eso, cuando llegue a tu examen, tienes que conseguir que le cause **una buena impresión inicial.**

Escribe siempre **con claridad.** Tanto en la letra como en las expresiones que emplees.

Piensa antes de escribir. Y si te equivocas, táchalo con corrección.

Deja márgenes amplios para que el profesor pueda poner sus anotaciones.

El orden, es decir, la adecuada colocación de **cada idea en su sitio,** de acuerdo con la relación que tiene con las demás, es tan importante como la verdad de cada una por separado.

Deja bien claro dónde empieza y termina cada pregunta, y cada apartado dentro de las preguntas.

Sigue un orden lógico en tu argumentación y explicación. Con coherencia y sin contradicciones ni saltos bruscos.

Destaca siempre, de algún modo, **lo mejor** de tu cosecha: las ideas, nombres, características y datos más importantes.

Pon tu nombre y apellidos en cada folio y entrégalos numerados y bien ordenados.

REDACCIÓN CORRECTA

La expresión correcta y la buena caligrafía no tienen nada que ver. Redactar «correctamente» consiste en emplear la lengua como dicen los lingüistas que se debe emplear.

La lengua es un instrumento inventado por los hombres para poder transmitir sus pensamientos. Quien tenga alguna idea en su mente, y no disponga de un vehículo adecuado para hacerla llegar a las mentes ajenas, se ha quedado aislado e impotente.

Aprender a **usar correctamente la lengua,** tanto hablada como por escrito, **es algo absolutamente imprescindible** para quien quiera prosperar en el estudio.

Procura afirmar o negar con claridad, evitando expresiones ambiguas. No elabores frases demasiado largas y complicadas. **Exprésate con frases cortas y precisas.**

Piensa en lo que vas a poner, y cómo lo vas a poner, antes de ponerlo. Así te evitarás muchos errores gramaticales y tachaduras.

Ten mucho cuidado con las faltas de ortografía. Aunque no bajen nota, siempre te desprestigian. Si quieres corregirte, es preciso que descubras cuáles son las que habitualmente cometes, aprendas a escribirlas bien y las uses a menudo.

RIGOR CIENTÍFICO

La estética y la expresión gramatical las tienes que cuidar en todo momento, pero a lo que realmente **te tienes que dedicar** es **a responder a lo que te pregunten con auténtico rigor científico.**

No des nada «por supuesto». **Explica todas**

tus afirmaciones para que quede bien claro que sabes lo que dices.

Evita las expresiones ambiguas o de doble sentido, que pueden ser malinterpretadas. Tienes que aprender a expresarte con la máxima precisión terminológica posible.

Procura que tu argumentación sea en todo momento lógica y coherente, es decir, que **no te contradigas,** ni saques conclusiones de un modo incorrecto.

Cuando se trate de resolver un problema de cálculo numérico, **explica los pasos que estás dando** y procura no saltarte ninguno «para abreviar».

Destaca con absoluta claridad las soluciones de los problemas y las ideas clave de tus respuestas.

Cuidado con las meteduras de pata. Es preferible que el profesor eche en falta algo que deberías haber puesto, que encontrarse de repente con un error de esos gordos, que echan por tierra todo tu ejercicio.

DIFERENTES TIPOS DE EXAMEN

Examen tipo redacción-tema

Cómo prepararlo:

Te conviene estudiar entendiendo las cosas con absoluta claridad. Es más útil tener **cuatro ideas clave de cada tema,** que un montón de ideas secundarias y de datos eruditos que luego no sabes dónde colocar.

En un examen de este tipo, el profesor va a evaluar lo que sabes, pero también tu modo de expresarlo, tu manera de argumentar, de explicar las cosas, de sacar conclusiones, etc.

Apréndete de memoria un breve esquema para desarrollar ordenadamente cada uno de los temas que entren en el examen.

Cómo hacerlo:

Comienza por recordar el esquema que te habías aprendido. El tiempo que dediques a recordar y poner tu esquema por escrito no es un tiempo perdido pues tendrás el hilo conductor delante de tus ojos.

Desarrolla ordenadamente tu esquema inicial. Procura no enrollarte demasiado en algún punto concreto, para que puedas terminarlo entero sin correr al final.

Ten siempre muy presente cómo vas de tiempo y **dale a cada cuestión el tiempo proporcional al valor que tiene** dentro del conjunto. Un examen tipo redacción-tema no debe ser ni esquemático, ni desproporcionado.

Subraya lo que consideres más importante y creas que el profesor no debe pasar por alto, sin darse cuenta de que lo sabes.

Dedica los últimos minutos a repasar rápidamente todo el ejercicio. Seguro que descubres un montón de errores que se te habían colado sin darte cuenta.

Examen tipo preguntas breves

Cómo prepararlo:

Es importante que tengas claras las cuatro ideas básicas de cada tema, pues te servirán como «comodines» que puedes meter en cualquiera de sus partes.

Estudia cada tema por apartados y cuestiones concretas. Hazte un resumen de cada tema en el que pongas la idea o ideas principales de cada apartado, y apréndetelas.

Cómo hacerlo:

Relájate y lee detenidamente todas las preguntas. Y, antes de empezar a contestarlas,

calcula cuántos minutos debes dedicar a cada una, según su valor.

Empieza por las que te sabes, aunque para eso tengas que cambiar el orden. Eso sí, señala bien claro dónde empieza y dónde termina cada una.

Vete directamente al grano. **No te enrolles** con lo anecdótico. El éxito en los exámenes de este tipo está en la organización, en saber, en todo momento, por dónde vas y de qué tiempo dispones. Por eso, no te olvides de llevar reloj.

Antes de entregarlo, **dedica unos minutos a repasarlo todo.** Corrige los errores que encuentres y subraya lo más importante de cada pregunta.

Examen tipo problemas numéricos

Cómo prepararlo:

Es fundamental **que te aprendas** —es decir, entiendas y recuerdes— **las fórmulas** que hay que aplicar para resolver cada tipo de problemas. Para esto te vendrá muy bien tener una lista en tu cuaderno de clase, donde vayas poniendo, y explicando, todas las fórmulas nuevas que vayan saliendo.

También tienes que saber dónde aplicar cada una de ellas. Ahí está la diferencia entre quien estudia entendiendo y quien memoriza mecánicamente sin enterarse.

Suele dar muy buenos resultados preparar este tipo de examen en equipo, pues lo que no se le ocurre a uno, se le suele ocurrir a otro.

Cómo hacerlo:

Averigua por anticipado cuánto vale cada problema, y **distribúyete** proporcionalmente **el tiempo disponible.**

Empieza por los que te sabes, después sigue con los que tienes dudosos y, al final, si aún dispones de tiempo, dedícate a darle vueltas a los más difíciles.

Recuerda que las operaciones deben ir acompañadas por **breves explicaciones** que demuestren al profesor que sabes perfectamente lo que estás haciendo.

Destaca claramente la solución final de cada problema y escribe los números y símbolos especiales con absoluta claridad para evitar malas interpretaciones.

Cuidado con los repasos precipitados, al final del examen. No vayas a «corregir» lo que ya estaba bien...

Examen tipo test

Cómo prepararlo:

Como las preguntas de un cuestionario tienen que ser muy concretas, **estudia la materia fijándote en pelos y señales.** Si no, por mucho que sepas «en general» de la asignatura, fracasarás.

Hazte una lista de preguntas y respuestas concretas sobre toda la materia que entra en cada uno de los temas. Y luego, te vas aprendiendo (entendiendo y memorizando) cada una de ellas.

Cómo hacerlo:

Primero, **averiguando cuántas preguntas es necesario contestar bien para aprobar** y qué valor tiene cada una, para distribuirte bien el tiempo disponible.

Si los fallos «penalizan», contesta primero a las que sepas con certeza y luego arriésgate lo justo para asegurarte el aprobado. Si no penalizan, no te dejes ninguna sin contestar.

Es importantísimo en este tipo de examen que leas con sumo cuidado qué se pregunta exactamente en cada cuestión, y cómo hay que contestar a cada una. **Contesta ciñéndote a las instrucciones que te den.**

En las preguntas en que hay que decidir entre varias respuestas, **no te precipites.** Lee con cuidado todas las posibles soluciones y decídete por la mejor de todas. Si dudas mucho, vete eliminando las que te parezcan absurdas y decídete por una de las que te queden. Pero no te lo pienses demasiado.

Contesta primero a las que te sepas y deja las demás para una segunda vuelta más pausada.

Cuando le des el último repaso, **ten cuidado con las prisas.** No vayas a estropear lo que estaba bien puesto.

Examen oral

Cuando te llamen, **sal con paso firme** y **buena cara.**

Cuando oigas la pregunta, **no contestes precipitadamente.** Piensa primero qué vas a contestar y cómo lo vas a hacer. Si no la entiendes bien, pide aclaraciones, antes de arriesgarte a meter la pata.

Contesta con cierta rapidez. **No te lo pienses demasiado.** A lo mejor, el profesor pierde la paciencia y te manda sentar sin dejarte hablar...

La gran ventaja de los exámenes orales está en que, en ellos, se le está viendo la cara al «corregidor», y puedes ver si vas por mal camino. Si lo descubres, cambia de dirección sutilmente, sin dejar de hablar.

Nunca te quedes callado mirando al suelo. Más vale que te corten por hablar demasiado, que te manden al sitio por quedarte sin saber qué decir.

Si quieres profundizar más en el tema haz un cursillo intensivo de Oratoria.

TRASNOCHAR PARA ESTUDIAR

Quien la víspera del examen tiene un montón de cosas sin estudiar, y se ve en la «necesidad» de quedarse toda la noche estudiando, está jugando a un juego muy peligroso...

Si te hicieras un horario realista y lo cumplieras a diario, verías cómo no te tenías que quedar estudiando por la noche.

El cuerpo humano es como una máquina. Si la fuerzas, te la cargas. Una de sus necesidades es la de dormir, al menos, ocho horas diarias. Quien no descansa de noche, no puede rendir bien de día.

Lo que se estudia inmediatamente antes del examen no suele «digerirse» bien y produce indigestión mental. De modo que, aunque se supere el examen más o menos bien, no ha habido aprendizaje real, sino pura retención momentánea de datos e ideas que se olvidarán enseguida.

La víspera del examen es un buen momento para repasar lo aprendido día a día: hacerse algún esquema de última hora y memorizarlo, atando los últimos cabos sueltos; no para aprender cosas nuevas.

Quien además, para no dormirse, **se atiborra de café y estimulantes está acabando consigo mismo** y con su propio porvenir.

CAPÍTULO VIII

CÓMO DAR EL PEGO EN LOS TRABAJOS

Hacer bien o mal los trabajos, ¿influye mucho en la nota?

Una de las cosas que más despistan al alumno, llegando incluso a agobiarle, es eso de hacer trabajitos. (Me refiero a recensiones, comentarios de algún libro, investigación y profundización sobre algún tema o personaje histórico determinado, elaboración de encuestas populares y redacción de conclusiones estadísticas, murales visuales sobre alguna cuestión problemática, etc.)

Cuando el profesor llega un día a clase diciendo eso de: «Vais a hacer todos este mes un trabajo sobre...», podemos dividir a los alumnos en dos categorías:

Los primeros son aquellos que se quedan paralizados, estupefactos, atónitos e, incluso, aterrados ante la lúgubre expectativa que se les viene encima. Son alumnos que nunca saben a qué atenerse cuando se les encarga uno de estos «trabajitos». Prefieren mil veces pasar un examen, que enfrentarse a la monstruosa labor de programar, organizar y —sobre todo— redactar algo medianamente «legible».

El otro grupo lo forman los alumnos que, aparentando seriedad e interés ante el profesor, sonríen socarronamente para sus adentros, mientras piensan: «¡Qué bobada!, ¡un trabajo de investigación...! Total, para lo que va a servir. Seguro que ni siquiera se lo lee...» Y concluyen: «Copiaré algo de alguna enciclopedia que encuentre por ahí y a correr.»

Existen casi tantas «especies» distintas de «enseñantes» como modos diversos de hacer un «trabajito». **Lo que todo alumno debería saber es:**

① Que cuando los profesores han de evaluar a un alumno, después de ver las notas que ha sacado en los exámenes, o las pocas veces que le ha preguntado en clase (que suelen ser muy pocas), **lo que más valoran a continuación es la nota de los trabajitos** que ha presentado. Los profesores suelen formarse su «imagen» de cada uno, primero por su comportamiento (cívico e intelectual) en clase y por los resultados de los exámenes y segundo, por la profundidad y presentación de sus trabajos.

② Que la mayor parte de los alumnos suele «passar» bastante de esforzarse en la elaboración de un trabajo, dedicando muchas más energías a estudiar para preparar los exámenes. Por lo cual, **es raro encontrarse con trabajos realmente buenos.** La mayoría son chapuzas más o menos pasables...

③ Que la mayor parte de los profesores que tienen la sana costumbre de encargar trabajitos a sus sufridos alumnos, acumulan entre unos y otros cursos tal cantidad que, aunque quisieran, **no pueden leérselos todos en profundidad.** Vamos, que a los que tienen tiempo de «hojear por encima» uno por uno..., aún se les puede llamar con razón: «profesores trabajadores» (la inmensa minoría...).

En conclusión: De estas tres premisas previas, cualquier alumno —medianamente espabiladillo— ha de deducir que **la impresión que causes al profesor con tus trabajos influye en la nota general** más **de lo que normalmente parece.** Los trabajos, aunque no valen tanto como los exámenes, sí lo suficiente como para aprobar o suspender si la cosa no está muy clara. Sin embargo, la valoración que se suele dar a los trabajos, por parte de los profesores, es bastante superficial, por lo que, **en general, se puntúa más la calidad de la presentación que la profundidad** y el rigor científico del trabajo.

Normas fundamentales para elaborar un trabajo

Las normas fundamentales para aprender y además tener éxito en la elaboración de tus trabajos, sin demasiados sobresaltos ni quebraduras de coco, son las siguientes. ¡Apréndetelas! ¡Síguelas! Y no te arrepentirás.

① **Entérate bien de qué quiere el profesor que hagas.**

«Cada maestrillo tiene su librillo» (dice el refrán chino...). Y dice bien, pues ese «librillo» también se ha de aplicar al espinoso tema de los «trabajillos».

Hay profesores —más o menos «libertarios»— que siempre dicen eso de «haced el trabajo libremente», «como cada cual crea mejor», «con el tema que os parezca más interesante», «y me lo vais entregando cuando terminéis»...

Luego llega la dura realidad, y el alumno que no lo entrega «a tiempo», se lleva una bronca. El que escogió un tema «poco apropiado» o «excesivamente original» es como si no lo hubiera presentado. Quien se pasó en la extensión, o se quedó corto, lo ve reflejado en la nota. Y, en resumen, quien no hizo su trabajo según los criterios del profesor que lo encargó, es penalizado pese al pataleo del alumno inocente que se creyó eso de «hazlo como tú quieras...».

Mis queridos estudiantes. No seáis ingenuos. Cuando el profesor dice «hacedlo como os parezca mejor», en realidad quiere decir «hacedlo como a mí me parece mejor». Aunque lo diga de la primera manera para no ser tachado de «dictador».

En el tema de los «trabajitos» es preferible (por eso del «mal menor») el dictador que dicta con amor. Ese profesor que dice: «El 8 de febrero a las 10,30 h. todos deberéis entregarme un trabajo individual, mecanografiado a dos espacios, cuya extensión esté comprendida entre 10 y 15 folios a una sola cara, sobre el siguiente tema: "Las mariposas rosas en el Círculo Polar Ártico. Origen, desarrollo muscular, tipos, reproducción asistida y repercusiones en la industria textil del hemisferio boreal".»

Ante este segundo ejemplar de profe, el alumno sabe al menos a qué atenerse y no cae en la an-

gustia vital del que quiere hacer «un buen trabajo»·
y no tiene claro qué entiende su profesor por «un
buen trabajo». ¡Eso sí que es molesto!

Por tanto, la primera y fundamental de las normas para sacar un buen partido a tu trabajo y tener además éxito en cuanto a las calificaciones, es
**enterarse bien de qué cosa pretende el profe-
sor que hagas.**

Si él lo dice de *motu proprio,* toma nota y cíñete
a las normas que dé. Si la cosa queda más bien
ambigua y se presta al equívoco (y luego a la mala
calificación después del esfuerzo realizado), es mejor que preguntes:

— **Qué tipo de trabajo** hay que realizar: un
resumen, un comentario o reflexión personal,
una recensión, una investigación estadística,
una encuesta popular, un análisis comparati-
vo entre varios autores, etc.

— **Cuál es el tema** que se ha de tratar: ¿obligatorio o de libre elección?, ¿totalmente libre,
o a escoger de entre una serie de temas pro-
puestos por el profesor?, ¿un solo tema o varios en el mismo trabajo, etc.

— **Qué extensión ha de ocupar:** máximo y mínimo de folios en total. ¿A máquina o a
mano? ¿Por una sola cara o a dos caras? ¿A
uno o dos espacios?, etc.

— **Cómo ha de estar presentado:** ¿con o sin
ilustraciones? ¿Esquemático o redactado lite-
rariamente? ¿Con citas demostrativas de lo
que se afirme, o «a pelo»? ¿Cómo ha de ir
encuadernado?, etc.

— Por último: ¿cuál es el **plazo de presentación?**, ¿dónde se ha de presentar?, y ¿cuántos pueden formar equipo para hacer el mismo trabajo? (si se puede hacer en grupos).

Quizá te pueda parecer demasiado provocativo el someter al profesor a semejante interrogatorio tan exhaustivo. Es por eso conveniente que las preguntas no le lleguen al profesor de un único alumno (pues probablemente se «mosquee» con él...). Además, es muy posible que ni el mismo profesor tenga claro todos los detalles del trabajo que ha decidido encargar a sus abnegados alumnos (sobre todo, si es del tipo «libertario») y sea prudente darle tiempo para que se lo piense. Si se siente atosigado y responde precipitadamente, puede que después se lo piense mejor y cambie de opinión cuando ya algunos alumnos han empezado a confeccionar su trabajo... Mala cosa. Tener que empezar de nuevo, siempre sienta fatal.

② Si preparas bien el terreno, tu cosecha será mucho mayor.

Labrar siempre es más aburrido que cosechar. El agricultor precipitado que siembra sin haber labrado bien la tierra, pronto se muere de hambre por sus malas cosechas...

Cuando se construye un edificio, lo más pesado es ahondar en el suelo y poner los cimientos bien profundos. Después, el edificio parece que crece solo...

Pues bien, en el campo del intelecto pasa lo mismo que en el campo de los cebollinos o en la construcción. Cuanto más profundamente se labre la tierra, cuanto mejor se abone y seleccionen las semillas..., mayor será la cosecha. **Cuanto más profundo se ahonde al principio, más fácilmente se hace el trabajo después.** Para preparar bien el terreno, hay que cuidar especialmente **tres cuestiones:**

— **Elección** del tema.

— **Bibliografía** adecuada.

— **Proyecto inicial.**

Si **el tema** es optativo o de libre elección, ¿qué conviene elegir, lo que se prevea que va a ser más fácil, o lo que resulte más interesante?

Por poca psicología que conozcas, sabrás que todo lo que te atrae resulta mucho más fácil que lo que no te interesa (por fácil que parezca al principio esto último).

Además, si tu trabajo trata de un tema que te interesa personalmente, matarás tres pájaros de un tiro, pues:

— **Aprenderás de verdad** algo nuevo.

— **Podrás utilizarlo** en tu propia vida.

— El trabajo te quedará «guay», y además con **buena nota.**

Si, por el contrario, caes en la tentación de hacer como todos los «der mogollón», eligiendo el tema más facilón y sin complicaciones, para terminar antes, aunque no te guste lo más mínimo, cuando empieces a desarrollarlo verás que no te resultará tan sencillo como parecía al principio. Cuanto más lo estudies, más «rollo» te parecerá, y acabarás presentándolo de cualquier manera, simplemente para «cubrir el expediente»... Si encima tienes tan mala suerte que el profesor se lo lee despacio, lo tienes más claro «que el caldo un hospicio».

Una vez elegido el tema, el siguiente paso consiste en **buscar las fuentes bibliográficas** donde «inspirarte» para hacer el trabajo. Hay quien es experto en descubrir un prólogo de algún libro poco conocido, o un artículo de una enciclopedia o, peor aún, el teléfono de un antiguo alumno que hizo hace años el mismo trabajo... Se copia y listo.

Para ser sinceros, lo normal es que cuele y el profesor ni se entere, pues lo más probable es que sólo lo mire por encima. Pero puede suceder que tenga «especial interés» en ver tu trabajo, porque tiene dudas sobre si aprobarte o suspenderte, o si subirte a notable o no. Entonces se lo lee con más profundidad que lo habitual, y ¡zas!, te caza *in fraganti copiamiento*.

De todos modos, cazado o no, quien recurre a este tipo de «bibliografía» para «inspirarse» desperdicia una estupenda ocasión de aprender, investigando por sí mismo. Esto es fundamental a la hora de labrarse un porvenir en el campo del saber teórico y práctico.

Puede que al terminar los estudios de Enseñanza Media se te olviden muchas de las cosas aprendidas en las diversas asignaturas, pero es muy poco probable que te olvides de aquel trabajo que hiciste de tal o cual tema, con lo que te costó buscar material adecuado, husmear en diversas bibliotecas, discutir con tus compañeros de grupo, etc.

> HACER UN BUEN TRABAJO ES PROPIO DE ALUMNOS LISTOS. COPIARLO PARA QUE CUELE, ES SIMPLEMENTE DE LIS-TILLOS. YA QUE HAY QUE HACERLO, MERECE LA PENA HACERLO BIEN.

Entendemos por una **bibliografía adecuada** el conjunto de «fuentes» de donde vas a sacar la información para confeccionar tu trabajo.

Lo más socorrido es recurrir a **libros de texto.** El tuyo y los que tuvieron tus hermanos, primos, amigos e incluso padres, y que están por ahí olvidados y cubiertos de polvo. Si los hojeas por encima, puede que encuentres en ellos ideas muy interesantes, y si ya nadie los quiere, te pueden ser muy útiles sus fotos y dibujos para ilustrar tu trabajo. (Por cierto, antes de degollar el libro, ten la delicadeza de decírselo a su legítimo propietario... Si le tiene mucho cariño, limítate a sacarle fotocopias...)

La segunda gran fuente de inspiración son las **enciclopedias y diccionarios.** Es muy probable que tengas una en tu propia casa y, si no, seguro que en la biblioteca de tu colegio o del barrio donde vives hay dos o tres distintas (para comparar).

Pero ten mucho cuidado. Cuando te pongas a indagar en una enciclopedia ilustrada, **vete firmemente decidido a leer sólo lo que vas buscando.** Piensa que si caes en la tentación de hojearla por encima, irás pasando de artículo interesante en artículo interesantísimo, pero nunca llegarás al que originariamente buscabas para orientar tu trabajo.

Muchos estudiantes decididos a estudiar, han

perdido la tarde por ponerse a buscar «algo» en una enciclopedia. La idea original era leer lo referente a «Dinamarca», pero les llamó mucho la atención el artículo sobre «caballos», y luego el de «ciclismo», y el de «conjuntos musicales», y cuando ya casi llegaban a la "Di", se toparon de sopetón con «deportes», y la tentación fue irresistible...

La tercera fuente bibliográfica a la que es preciso recurrir, si con las otras dos no hay material suficiente, o si el tema es demasiado «especial», son los **periódicos y revistas especializadas.**

Puede que uno tenga la enorme suerte de que su padre tiene por costumbre recortar todos los artículos «interesantes» que encuentra en los periódicos, y hay en su casa una enorme carpeta en la que buscar...

Otros no tienen tanta suerte, y sus padres ni siquiera compran el periódico, pero siempre existe la posibilidad de ir a una «hemeroteca» (sección especial de las bibliotecas donde se guardan periódicos y revistas) y ponerse allí las botas.

Ojo también con las consultas en este tipo de fuentes de información. Hace falta tener mucho auto-control para encontrar lo que se ha ido a buscar «pasando» de todo lo demás, por muy interesante que parezca...

Una vez «recolectada» suficiente bibliografía para sacar adelante el trabajo sin demasiadas complicaciones, se impone hacer un esquema o **proyecto inicial,** en el que es preciso determinar cómo va a ser el índice, cuántas partes va a tener y en qué va a consistir cada una, en qué orden lógico van a ir desarrollados los contenidos, qué tipo de ilustraciones o gráficos se van a insertar en el texto, etc.

Es posible que el esquema inicial lo tengas que modificar sobre la marcha, conforme vayas descubriendo nuevos datos, o se te ocurran otras ideas. De todos modos, el hacerse un esquema inicial es imprescindible para empezar a trabajar con buen pie, pues si no tienes claro dónde quieres llegar, es muy difícil que llegues. (Ya sabes, como dice el refrán, que «a quien no sabe dónde va todos los vientos le son contrarios».)

③ La vaca da más leche a quien la sabe ordeñar.

Si tienes la bibliografía adecuada, ya tienes «la vaca». Pero si no sabes qué hacer con ella, te quedarás en ayunas.

¿Cómo conviene «ordeñar» tus fuentes de información para sacarles el máximo jugo?

Primero, hojeándolo todo rápidamente y por encima, para poder clasificarlo en diversos «montones», según su mayor o menor interés de cara a elaborar tu trabajo. Si con cuatro o cinco libros sacas material de sobra, no te compliques la vida consultando en otros veinte. Déjalos para otra ocasión. Por eso, conviene que comiences a ordeñar «la vaca más gorda».

Después, comienza a clasificar los libros, revistas o artículos según las diversas partes en que has dividido tu trabajo. De este modo, te asegurarás de que tienes una bibliografía completa, y no te quedarán unas partes excesivamente documentadas y otras «flotando al viento». Conviene que tus trabajos sean «equilibrados» y no muestren lagunas importantes sin cubrir.

Por último, una vez hechas estas primeras selecciones del material, llega la hora de leérselo poco a poco, **apuntando aparte lo que se vaya sacando en claro.**

El mejor modo de apuntarlo es en fichas individuales. Cada cita, tabla de datos, párrafo interesante, esquema visual, ilustración, o lo que sea de valor para luego redactar el trabajo, conviene recogerlo en una ficha distinta. De este modo, al final se podrán ordenar y reordenar cuantas veces sean necesarias, antes de pasar a la redacción definitiva.

 Y por fin... ¡A redactar!

Una vez recolectado el material en fichas individuales, es preciso hacer como el coleccionista de sellos que, al llegar a casa con sus nuevas adquisiciones, los pone todos sobre la mesa y va clasificándolos en diversos montones según su materia, origen, tamaño, antigüedad, etc.

Es el momento de contrastar el proyecto inicial con el material concreto que has logrado recoger y del que ya dispones «elaborado» para confeccionar tu trabajo. Ahora ya es el momento de ponerse a redactar...

Si has ido siguiendo estos pasos (cosa que no es tan complicada como parece), verás como **la labor de escribir es la más fácil de todas,** pues consiste solamente en redactar sobre el papel lo que previamente has recolectado, pensado y estructurado. Mientras que quien, por ejemplo, tiene que hacer un trabajo sobre un libro y, al leérselo, no va tomando notas, luego, al empezar a escribir, no es raro que no se le ocurra nada y las pase moradas. Lo peor es que tendrá que volver a leerse otra vez el libro, y esta vez de mal humor, por encima y desordenadamente, consiguiendo hacer una chapuza que, además, le ha costado el doble de tiempo y esfuerzo.

Una vez que comenzamos a escribir el texto es fundamental **cuidar la presentación.** Pues, aunque parezca lo contrario, si a los profesores les cuesta «sudor y lágrimas» leerse treinta exámenes de tres o cuatro folios cada uno, ¿qué les pasaría si tuvieran que estudiar detenidamente treinta trabajos de diez o quince folios cada uno? Por esto, es normal que los profesores evalúen los trabajos examinándolos «por encima» (salvo algún párrafo especial que llame su atención) y fijándose sobre todo en la «categoría» del conjunto...

A la hora de ser evaluados tus trabajos, **la presentación importa tanto** como el contenido (y a veces más). Por eso, si quieres conseguir buena nota, tienes que cuidarla con especial esmero.

Diseña una bonita portada; seria pero original, que le dé categoría a tu trabajo, pues la portada es lo primero que entra al «corregidor» por los ojos. (La «portada» es la «puerta» por donde entra el profesor en tu trabajo.) Si es una chapuza, lo predispones desde el principio en tu contra y, a lo mejor, se lo lee detenidamente y te machaca en la miseria...

Dedica el siguiente folio a hacer un **índice** bien presentado, que indique ordenadamente las partes en que has dividido el conjunto de tu trabajo. Emplea en el índice títulos breves y significativos para cada uno de los capítulos o apartados. Usa tipos

de letra distintos en tamaño, según la importancia
de cada sección. Y añade, a continuación de cada
título, la página donde empieza. (Por eso, lo lógico
es que redactes el índice definitivo al final de escribir el texto. Cuando ya hayas numerado correctamente todos los folios que lo componen.)

El comenzar el trabajo con un índice bien presentado no cuesta apenas esfuerzo y causa muy
buen efecto.

Redacta un breve prólogo antes de empezar
con el texto, en el que cuentes someramente qué
se pretende con el trabajo, y hagas una pequeña
introducción personal realzando la importancia del
mismo, así como diciendo las principales dificultades con que te has encontrado, tanto en la bús-
queda de material, como en su ordenación y redacción.

Luego **redacta el texto** lo mejor posible, para que
quien lo mire por encima, tenga la sensación de
que tiene mucho nivel. (Si realmente lo tiene, pues
mucho mejor.) Lo que debes evitar a toda costa es
que lo tenga, pero parezca que no lo tiene...

Parece insólito, pero hay muchos estudiantes que
se «empeñan» en presentar las cosas de tal modo
que parecen chapuzas, aunque en el fondo no lo
sean. Eso es tirarse piedras en el propio tejado.

Por último, pon en folio aparte las principales
conclusiones del trabajo. A lo mejor, mientras
las redactas te da la sensación de que te estás repitiendo, pero es una repetición muy útil, pues reco-
ge y coloca en su sitio lo principal, la «esencia»
de todo el trabajo. Es, además, muy posible que el
«corregidor» sí se lea esta parte (por su brevedad),
y si está bien elaborada se hará una idea general

muy favorable respecto de todo el conjunto de tu trabajo, aunque no se lo haya leído.

Es fundamental en todo trabajo de investigación (y cuesta realmente muy poco) que lo termines con una lista de la **bibliografía** que has utilizado (o que trata de la misma temática, aunque no la hayas empleado). Si el trabajo es una monografía o comentario de un libro, termina tu trabajo con una **ficha técnica** en la que pongas los datos principales del ejemplar concreto que has utilizado: autor, título, editorial, lugar donde se ha editado, fecha, número de la edición, título original, traductor, etc.

Si, además de todo esto, dejas unos márgenes amplios y evitas los tachones y la letra apretujada (presentarlos a máquina, siempre da muy buena impresión si están bien escritos...), si rotulas unos bonitos títulos para encabezar cada apartado, y lo «encuadernas» todo bien para que «coja cuerpo» y quede elegante, el esfuerzo que habrás empleado en ello será mínimo, y el resultado que obtendrás, ni te lo puedes imaginar...

El trabajo en grupo y el «gorroneo»

Quieras o no quieras, es muy probable que, tarde o temprano, llegue el profesor a clase y os diga que forméis grupos para hacer un trabajo en equipo. Puede que el nuevo modo de trabajar te guste y sepas sacarle un buen partido, o también es posible que no tengas ni idea de qué te conviene hacer para lograr el máximo rendimiento con este modo de trabajar: con quién agruparte, cómo hacer el grupo de numeroso, cómo repartir y coordinar esfuerzos, cómo evitar el «gorroneo» del «chupóptero» de turno, y el «mangoneo» del aprendiz de dictador, etc.

La formación de grupos de trabajo puede surgir espontáneamente, o por indicación del profesor. Su finalidad o meta común puede ser: la elaboración de un trabajo, la preparación de un examen, el repaso de algún tema explicado en clase, o alguna otra actividad semejante.

Este modo concreto de trabajar «en equipo» tiene muchísimas ventajas para quien sabe hacerlo correctamente, pero es nefasto y fatal para quien pierde los papeles... Por eso, si piensas que un día puede que formes parte de un grupo de trabajo, es conveniente que tengas en cuenta los siguientes «sabios consejos».

• ¿Qué es un «equipo de trabajo»?

Entendemos aquí por «equipo» un grupo reducido (menos de ocho miembros) de compañeros, que se juntan y **coordinan sus esfuerzos individuales para alcanzar una meta común.** La actividad la pueden desempeñar en el aula o fuera de ella.

Lo más común es que los estudiantes se agrupen de un modo natural, siguiendo «la voz del corazón» que les impulsa a juntarse con sus amigos o con quienes les resultan más simpáticos. De este modo, sin casi proponérselo, forman parejas (o tríos) para estudiar juntos, intentando matar dos pájaros de un tiro: ayudarse mutuamente a aprender y aburrirse menos.

Efectivamente, **el trabajar en equipo puede**

mejorar enormemente la efectividad, pues los miembros del equipo que quieren realmente aprovechar el tiempo, pueden motivarse mutuamente, ayudar a quien cae en el desaliento, frenar a quien es demasiado propenso a despistarse poniéndose a soñar despierto, repartir esfuerzos entre todos para hacer la labor más llevadera, etc.

Hasta aquí, lo bonito del tema. Lo feo viene cuando, al formar equipo para trabajar, unos se aprovechan sistemáticamente del esfuerzo de los otros, o **se usa el equipo como una excusa para perder el tiempo** hablando de tonterías y no dar ni golpe.

Cuando yo estudiaba el Bachillerato, era muy amigo de un grupo de chicos que vivía en una residencia de estudiantes. Normalmente (cuando no había mucho que estudiar y me aburría en casa) iba a su piso a «estudiar con ellos», y allí hacía de todo menos «eso». La cosa es que lo pasábamos muy bien, pero aprovechar el tiempo, lo que se dice «aprovechar», pues no mucho. Tanto que, cuando tenía que preparar algún examen, les decía: «Hoy me quedaré en casa, pues tengo mucho que estudiar...»

Un verdadero equipo de trabajo no es un grupo de estudiantes que se juntan para intercambiar cotilleos, o para divertirse un poco y pasar la tarde haciendo como que estudian. Ni siquiera es un grupo de estudiantes que se «asocian» para estudiar juntos.

Un equipo de trabajo, si quiere ser eficaz, ha de formar un todo orgánico entre todos sus miembros, que, por supuesto, se lleven bien entre sí y sean capaces de **compartir armónicamente:** tiempo, material, ideas y esfuerzo.

● **¿Con quién es mejor asociarse para trabajar en grupo?**

Si lo que quieres es pasarlo bien, lo lógico es que prefieras formar grupo con tus mejores amigos o, mejor aún, con los compañeros más divertidos y juerguistas de la clase.

Si lo que pretendes es hacer más fácil el aprendizaje y lograr un objetivo común, es preferible que lo hagas con aquellos que:

— te caen bien,

— quieren aprovechar el tiempo, y

— no son propensos a acaparar, ni a gorronear.

El **número ideal** de componentes del equipo de trabajo es variable dependiendo del trabajo a realizar. Si se trata de elaborar un informe, una investigación exhaustiva, o un mural donde se desarrolle visualmente algún tema determinado, es preferible que el grupo sea más numeroso. Cinco o seis componentes basta y sobra. Si son menos, habrá más trabajo para todos, pero si son más, se complica considerablemente la coordinación de esfuerzos, la síntesis o «ajuste» de conclusiones, el consenso de opiniones, etc. (Y, además, al ser muchos, emerge inmediatamente la tentación de unos al «mangoneo» —para demostrar lo muy machotes que son— y de otros al «gorroneo» —para dejar bien claro lo «espabiladillos» que son—.)

Si el objetivo principal del equipo es estudiar juntos, repasar algo anteriormente aprendido, resolver problemas concretos o preparar un examen, es mejor que el grupo sea más reducido. Dos o tres miembros, como mucho. Si el número es mayor, es mucho más fácil dedicarse a perder el tiempo.

- **¿Cómo hay que organizarse para aprovechar bien los esfuerzos?**

En primer lugar, **teniendo claro, todos los miembros del grupo, para qué se han agrupado.** Si unos vienen a estudiar, otros a copiarle los problemas a los demás y otros a entretenerse y pasar la tarde, es imposible que el grupo funcione bien. Los únicos que conseguirán su objetivo serán los últimos.

Por tanto, es fundamental que todos los miembros que componen el grupo de trabajo se respeten y acepten mutuamente y comiencen reflexionando juntos sobre qué es lo que pretenden conseguir con su asociación.

Es preciso **evitar desde el principio que algún miembro del grupo se sienta marginado** por los demás (y, en consecuencia, deje de aportar ideas y se mantenga a la defensiva) y, a la vez, que haya confrontación directa entre alguno de los miembros del equipo, pues las energías dedicadas a vencer «al otro», no se emplean en vencer «los obstáculos» que hay que superar para lograr el objetivo propuesto.

Para evitar este doble peligro, es recomendable que antes de empezar a trabajar se decida entre todos quién va a ser el encargado de repartir juego. Es decir, el «líder», «director», «jefe», «coordinador» o como quiera llamársele, que procure en todo momento que todos los miembros del equipo «jue-

guen» por igual, echándoles balones para que cada
cual aporte al conjunto toda su energía.

El papel del coordinador —que no el «tirano»—
consiste en tomar la iniciativa para que el grupo
trabaje a buen ritmo, «sin prisas pero sin pausas»,
evitando las distracciones innecesarias, las discusiones interminables, las pérdidas de tiempo, y la de-
sintegración de los miembros del equipo. Lo más
lamentable de un «equipo» es que cada cual vaya
por su cuenta... Lo más triste del «coordinador» es
que se dedique más a ponerse medallas que a resolver los problemas de todo tipo que vayan surgiendo.

En concreto, **todo trabajo o actividad desem-
peñada en grupo ha de dividirse en cinco
partes:**

① Fijar con claridad el objetivo u objetivos
que se propone lograr el grupo.

② Planificar las actividades concretas a realizar, y el plazo límite para terminarlas.

③ Determinar qué miembros del equipo van
a realizar cada actividad, y cuánto tiempo
tienen para cada una de ellas.

④ Realizar cada labor en el tiempo programado y bajo la supervisión del coordinador.

⑤ Auto-evaluar los resultados obtenidos y sacar conclusiones sobre la actividad realizada
y el modo concreto en que se ha llevado a cabo.
(Ten en cuenta que el hombre es el único animal
que tropieza veinte veces en la misma piedra, y
encima le echa la culpa a la piedra.)

«Cosas» que debes saber si no quieres meter la pata

● Cómo se cita correctamente

Cuando en medio del texto que estás redactando, quieras intercalar unas palabras literales de otro autor, tienes que ponerlas **entre comillas.** Si el párrafo citado supera las tres líneas, queda mejor que lo separes del texto y lo pongas formando un «bloque» aparte, con líneas separadas a un solo espacio, y sin «sangrar».

Si la cita no es literal, sino que afirmas algo que otro autor dice con otras palabras, no le pongas comillas, pero siempre debes poner los «datos» de la cita.

Los **datos** para poder verificar la autenticidad de cualquier cita se pueden poner a continuación y entre paréntesis. Pero si son muchas las citas, para no hacer pesada la lectura del texto con tantas interrupciones, lo más correcto es hacer una «llamada» detrás de cada cita, y poner los datos técnicos en otro lugar.

Las **llamadas** pueden consistir en un asterisco (*) para identificar la primera cita, dos asteriscos (**) para la segunda, etc. (sin pasarse nunca de tres por página). Pero lo más común y correcto es que emplees un número entre paréntesis [por ejemplo: (1), (2), etc.] justo detrás de cada cita.

Los datos deben ir encabezados por la misma llamada (asterisco o número de la cita en cuestión), para poder localizar los que corresponden a cada una de las citas, evitando el equívoco. Pueden ir a pie de página (es decir, en la parte inferior de la página donde están las citas), todos juntos, ordenados según su aparición en el texto, y separados del mismo por una o dos líneas en blanco, o bien, una rayita horizontal.

Otros autores prefieren poner todos los datos de las citas al final del capítulo, o en un apéndice que contenga todas las citas del trabajo.

La ventaja de que los datos estén en la misma página que las citas es que es más fácil localizarlos y que se emplean menos números en las llamadas, pues en cada página aparecen tres o cuatro citas. Por otro lado, el inconveniente de este modo de citar está en que se recorta considerablemente el espacio del texto, y siempre es más fácil leerlo cuando las citas están todas agrupadas al final del todo. (Si alguien tiene mucho interés en verificarlas, que se moleste en buscar los datos donde estén.)

Por otro lado, es conveniente que sepas que las comillas también se usan para otros menesteres que no tienen nada que ver con las citas. Por ejemplo, para destacar palabras o expresiones curiosas o de especial interés, utilizar términos en otro idioma, etc. Aunque cada vez más, en estos casos no se emplean las comillas, sino un tipo especial de letra llamada «bastardilla» o «cursiva».

- ● **Qué son las notas a pie de página**

A pie de página —es decir, al final de la hoja— o al terminar el capítulo, se deben poner los **datos** necesarios para localizar una determinada cita que se ha intercalado en el texto; o bien, una **anotación** que añada nuevos datos de interés, o aclare algún aspecto especial del mismo. Si la aclaración es especialmente importante se pone directamente en el texto, pero si es una «curiosidad» o algo sólo para los muy interesados en el tema, es preferible ponerla «a pie de página».

El modo correcto de dar esos «datos» es el siguiente:

Si se trata de una anotación sin más, se pone la llamada (asterisco o número) y detrás, en letra más pequeña o más apretada que lo normal, se pone la nota.

Si se trata de una cita (sea o no literal), se debe poner la llamada y, después, en este orden, los siguientes datos: apellidos del autor (en letras mayúsculas) y nombre (en minúsculas, o sólo las iniciales), título de la obra citada (subrayado, o en letra bastardilla), ciudad donde se publicó, editorial y número de la edición (si no es la primera), año de su publicación y número de página o páginas donde se encuentra el párrafo citado.

— Si está en una sola página, se pone por ejemplo: (pág. 28).
— Si ocupa varias páginas: (págs. 28-29).
— Si empieza en una página y continúa en otras más: (págs. 28 y **sigs**.). Lo cual significa, en este caso, «página 28 y siguientes...».

Por otro lado, cuando ya has citado una determinada obra, no debes volver a poner todos los datos las siguientes veces que vuelvas a citar esa misma obra. En este caso, te has de limitar a poner: **op. cit., ibíd.,** o **ibídem** (abreviaturas que significan: «la misma obra antes citada»). A continuación añades la página o páginas donde se pueden localizar las nuevas citas.

Si no te interesa citar una frase o fragmento concreto, sino que lo que quieres es que el lector consulte, si lo desea, un texto (de otro libro o incluso de tu propio trabajo) que apoya o amplía lo que estás diciendo, puedes poner: **véase, ver** o **cfr.** («confrontar»). Y, por último, si sospechas que la frase que acabas de citar de alguien es tan sorprendente que el lector no se va a creer que la has copiado «tal cual», y va a pensar que te has equivocado al transcribirla, puedes poner: **sic.** Lo cual significa: «aunque parezca imposible, eso es lo que dice el autor, y, además, lo dice con estas mismas palabras. ¡Para que te enteres, so incrédulo!».

En la página siguiente tienes un ejemplo práctico de todo lo que acabo de contarte. Si quieres entenderlo de verdad, intenta localizar en él cada uno de los detalles que componen el bello arte de citar correctamente. Practícalo en cuanto tengas ocasión y comprobarás que no es en absoluto complicado.

CUIDA LA PRESENTACIÓN CON ESMERO.

Ejemplo práctico (Para que te enteres):

Los indígenas oriundos de Afro-disia «basaban su alimentación exclusivamente en cereales machacados con jerez, y condimentados con mahonesa», como dice Wilde (1). Sin embargo,

> «cuando llegaba la hora del postre, elaboraban un sabroso pastel de mijo, chocolate y fresas silvestres. Lo calentaban a la parrilla. Lo fraccionaban en tantas partes como invitados tenían a la mesa y, una vez regado con vodka, se lo comían entre alegres risotadas» (2).

Es posible que alguno de nuestros lectores (3) no pueda comprender cómo indígenas oriundos de Afro-disia, que comían exclusivamente «cereales machacados» (como plato fuerte), sin embargo se ponían «morados» engullendo tarta de chocolate con vodka. Siendo la alimentación cereal muy baja en colesterol (4), es lógico que todos ellos estuvieran en plena forma y, como el propio Ruberts afirma (5), pudieran cazar y despedazar fácilmente leones y osos —sus enemigos naturales— con sólo sus mandíbulas superiores (6).

---

(1) WILDE, D., *Costumbres y leyendas del sur,* París, Bourò, 1917, pág. 124.

(2) *Ibíd.,* págs. 195-196.

(3) Probablemente ya se habrá dado cuenta de que este ejemplo es una sarta de disparates difícilmente creíbles.

(4) Cfr. PATRYC'S, F., *Alimentos y rancho cuartelero,* Praga, Edrios, 1986; cap. VII: *El colesterol en las albóndigas vegetales,* págs. 106 y sigs.

(5) RUBERTS, K., en su *Tratado de malas costumbres* (Barcelona, Flor de chopo, 1936, pág. 89), afirma que «todo quien vive mal, acaba peor. Con o sin colesterol» [*sic*].

(6) Nota del editor: Las mandíbulas inferiores las guardaban en la choza, dentro de un vaso de agua —como es lógico—, pues las tenían hechas un asco con tanto comer tarta de chocolate.

• Cómo se hace un listado bibliográfico

Al final de cualquier trabajo de investigación, es fundamental poner ordenadamente todo el material bibliográfico, y todo tipo de fuentes que se hayan empleado para su confección. Incluso, también es conveniente añadir otros libros que, aunque no se hayan podido consultar, se sabe a ciencia cierta que tratan la misma problemática del trabajo realizado.

El listado bibliográfico debe dividirse en dos partes claramente diferenciadas:

Una que recoja **las fuentes u obras del propio autor** o autores, si el trabajo trata de un determinado pensador, literato, personaje célebre, corriente filosófica o algo parecido. Si no es así, en el primer listado se recogerán los **documentos, archivos o bancos de datos** de donde se ha sacado la información.

En otra lista se enumera la **bibliografía general o «estudios»** sobre la obra de esos autores, su filosofía, o la temática general de la que trate el trabajo.

Tanto en una como en la otra lista es fundamental poner de cada obra los siguientes **datos** (en este orden): Primer apellido (todo con mayúsculas), inicial del nombre propio (si son varios los autores del libro, se debe poner el primero de ellos y, a continuación, «y otros»), título de la obra (subrayado o con letra bastardilla o cursiva), y por último: la ciudad donde se ha publicado, la editorial y el año de su publicación.

Por ejemplo: KIERKEGAARD, S.: *El concepto de la angustia,* Madrid, Espasa Calpe, 1967.

Lógicamente, los apellidos de los autores cuyas obras cites en tu listado bibliográfico deberán ir ordenados alfabéticamente, y no «ar mogollón»...

EN RESUMEN:

VALOR DE LOS TRABAJOS

Las calificaciones obtenidas en tus trabajos pueden ser decisivas a la hora de ser evaluado por tus profesores.

La mayoría de los alumnos descuidan bastante sus trabajos, por lo que **no es difícil hacer un «buen trabajo» que destaque** causando muy buena impresión en el profesor.

Lo normal es que nadie lea tu trabajo «en profundidad», por lo que la **buena impresión general es fundamental** si quieres sacar buena nota. Sin embargo, y por si acaso, merece la pena aprovechar la oportunidad para realizar una labor creativa y personal de la que sentirse orgulloso.

CÓMO HACER UN TRABAJO

Primero, **entérate bien de qué quiere el profesor que hagas** cuando te encargue un trabajo: tipo de trabajo, tema obligatorio o temas a elegir, extensión, presentación, fecha de entrega, etc. Eso te evitará esfuerzos inútiles e incomprendidos.

Antes de empezar a redactar **prepara el terreno,** eligiendo el tema que te resulte más interesante y despierte tu curiosidad (eso lo convertirá, además, en el más fácil para ti.) Busca unas fuentes de información adecuadas: libros de texto, enciclopedias y diccionarios, revistas, etc., y elabora después un proyecto inicial concreto.

Clasifica la bibliografía que hayas encontrado, según su interés y la parte del proyecto inicial a la que corresponde cada libro.

No te conformes con ir leyendo. **Copia en fichas individuales los párrafos,** citas literales, ideas interesantes, esquemas clarificadores, tablas de datos, ilustraciones, etc., que puedas después utilizar en la redacción.

Ordena y reordena las fichas cuantas veces sea preciso, hasta darles un orden lógico. Aunque para ello tengas que reformar tu proyecto inicial.

Apoyándote en el material seleccionado y ordenado, **empieza a redactar de un modo claro, sistemático, coherente y «académico»,** el texto. Evita las expresiones demasiado vulgares, las repeticiones innecesarias de palabras o de ideas, los datos poco fiables, los nombres mal escritos, las faltas de ortografía y, en general, todo aquello que pueda llamar la atención del «corregidor» causándole una mala imagen de conjunto.

No olvides diseñar una bonita **portada,** un **índice** claro, un breve **prólogo,** una correcta división y subdivisión de las partes en que has dividido el texto central, y una recopilación final de las principales **conclusiones** en que se puede resumir tu trabajo. Termina con una **bibliografía, o ficha técnica,** lo más completa posible.

Cuida con esmero la presentación: limpieza, orden, caligrafía (o mecanografía), márgenes amplios, correcta separación inter-líneas, numeración de páginas, ortografía, etc. Por gracia o por desgracia, en la mayoría de las ocasiones, la «forma» vale más que el «fondo».

Y presenta tu trabajo puntualmente. Siempre antes del plazo límite. No dejes que todo tu esfuerzo sea inútil por un error de cálculo.

EL TRABAJO EN GRUPO

Trabajar «en equipo» tiene muchísimas ventajas para quien lo sabe hacer correctamente. Pero es una pérdida de tiempo para quien no domina esta técnica.

El trabajo en equipo **puede mejorar la efectividad,** pues los miembros pueden motivarse mutuamente, ayudar a quien se desanima, centrar al que se despista demasiado y repartir esfuerzos entre todos, haciendo la labor más llevadera.

Para ser eficaz, un grupo de trabajo ha de formar un todo orgánico entre todos sus miembros. Para eso, han de compartir tiempo, material, ideas, responsabilidad y esfuerzo.

Es básico saber desde el principio cuál es el objetivo del grupo y **que todos sus miembros se respeten y acepten mutuamente,** para evitar que alguno se sienta marginado y deje de colaborar activamente.

Para evitar el «gorroneo», el «mangoneo», las discusiones interminables y el reparto injusto de tareas, es **fundamental el papel del coordinador,** para animar al grupo y hacer que todos «jueguen» por igual.

Todo trabajo en equipo tiene **cuatro partes:** Fijar con claridad el objetivo a lograr, planificar las actividades concretas a realizar, determinar qué miembros del equipo van a realizar cada una, y de cuánto tiempo disponen, realizar la labor en el tiempo previsto, y evaluar, entre todos, los resultados obtenidos.

«COSAS» QUE DEBES SABER

Cómo se cita

Toda cita literal se debe poner entre comillas. Si no es literal, sin comillas. Pero, sea del tipo que sea, siempre debe ir acompañada de los datos de donde ha sido sacada.

Los datos para comprobar la autenticidad de las citas, se pueden poner a continuación, entre paréntesis, a «pie de página», o al final del capítulo o de todo el trabajo.

Si los datos no van justo detrás de la cita, deben ir encabezados por una «llamada» (asteriscos o números) para saber a qué cita concreta corresponden.

Notas a pie de página

Al final de la hoja, deben ir ordenados todos los datos necesarios para localizar todas las citas y notas puestas en esa hoja.

Las «notas» son aclaraciones más o menos complementarias al texto. Si son muy importantes no se deben poner a pie de página, sino directamente en el texto.

Detrás de la llamada de una cita, **se deben poner los siguientes datos,** en este orden: apellidos del autor, nombre, título de la obra citada, ciudad donde se editó, editorial, número de edición, año en que se publicó y número de página o páginas donde se encuentra el párrafo citado.

Cuando ya has citado una determinada obra no debes volver a poner todos los datos las siguientes veces que la cites de nuevo. Basta con que pongas: *op. cit., ibíd.* o *ibídem.* Y, a continuación, el número de la página donde está la nueva cita.

Si no quieres citar, sino remitir al lector a una determinada obra, capítulo o fragmento, para que consulte allí algo interesante, puedes poner: véase, ver o cfr. (confrontar). Y si sospechas que no se va a creer que algo que citas literalmente lo has copiado «tal cual», pon *sic.*

Listado bibliográfico

Al final de cualquier trabajo de investigación debes poner ordenadamente todo el material bibliográfico que has empleado. También, otros libros que traten la misma temática de tu trabajo para quien los quiera consultar.

En una lista pon las fuentes u obras del propio autor o autores que estás investigando, o los documentos y archivos de los que has sacado los datos de tu tema; en otra, enumera

la bibliografía general o «estudios» de otros autores al respecto.

Cada obra acompáñala de los siguientes datos: primer apellido, inicial del nombre propio,
título de la obra, ciudad donde se publicó, editorial y año de su publicación.

Lógicamente la lista ha de ir ordenada alfabéticamente según el primer apellido de los
autores.

CAPÍTULO IX

SÓLO PARA UNIVERSITARIOS Y «ASPIRANTES»

La Universidad no es «el colegio pero a lo grande»

Mucha gente cree que todos los alumnos que han estudiado la Educación General y después la Enseñanza Media, han de continuar su educación de un modo «natural» haciendo una carrera universitaria. De tal modo que consideran que los alumnos que no lo hacen son unos «fracasados» escolarmente hablando.

Aunque tiene cierta parte de razón el considerar la educación, desde niños hasta adultos, como un «todo continuo», sin embargo, del mismo modo que resulta fácil ver la diferencia existente entre el modo de aprender que se emplea en la Educación General y las técnicas propias de la Enseñanza Media, cualquier alumno ve (o, al menos, debería ver) inmediatamente la **enorme diferencia que hay entre los estudios universitarios y los propios de colegios e institutos.**

Es fundamental, para cualquier estudiante que piensa emprender estudios universitarios, ir pre-

parándose para superar con éxito el brusco cambio
de orientación en el aprendizaje, que supone esta
última etapa.

**¿Cuáles son las diferencias básicas entre el
colegio y la Universidad?**

En primer lugar: la finalidad propia de la Educación Básica y de las Enseñanzas Medias es **dotar
a los alumnos de un conocimiento general** de sí
mismos y del entorno en el que viven, para poder
así integrarse con más eficacia en el mundo de los
adultos.

Lógicamente, para lograr este objetivo fundamental, es necesario que todos los estudiantes traten en clase las más diversas materias: Historia,
Literatura, Matemáticas, Religión, Filosofía, Ciencias de la Naturaleza, Idiomas, etc. Para lograr lo
que popularmente llamamos con la expresión: «cultura general».

Sin embargo, cuando un estudiante decide matricularse en una Escuela o Facultad universitaria,
**ha de optar por una «carrera» o rama muy es-
pecial del saber,** renunciando, por tanto, a todas
las demás ciencias.

El estudiante que, por ejemplo, se matricula en
la Escuela de Ingenieros de Caminos, Canales y
Puertos, puede ir olvidándose de la Literatura, la
Filosofía y el Latín... Mientras que quien decide
hacer Derecho, puede estar tranquilo que nadie le
molestará dándole clases de Matemáticas, Química
o Dibujo Técnico. Eso no significa que en las carreras especializadas no existan diversas asignaturas, sino que todas están directa o indirectamente
relacionadas con una determinada temática.

Para muchos alumnos, «mareados» con tanta asignatura variopinta como tuvieron en el Bachillerato, el poderse concentrar en una rama «especial» del saber (sin tener que hacer continuos esfuerzos por ponerse en «trance filosófico» diez minutos después de estar intentando resolver problemas de matemáticas, o de traducir una poesía en inglés...) les supone un enorme alivio. Aunque, de vez en cuando, echen de menos la rica variedad de temáticas que trataban «antes» y se sientan abrumados con la creciente «especialización» por la que se van adentrando.

En segundo lugar: los profesores que imparten sus clases en colegios e institutos suelen ser **mucho más «educadores» y «orientadores» de sus alumnos, que los universitarios.** Estos últimos, normalmente, son más «conferenciantes» que pedagogos, pues dedican muchas más horas a «investigar» que a «enseñar».

No es raro encontrar alumnos recién llegados a la Universidad, que se sienten desamparados, solos e indefensos. Como niños huerfanitos abandonados a su suerte por sus nuevos profesores que, a diferencia de los que tenían en el colegio, «pasan» de ellos, y ni siquiera se molestan en llamar a sus padres para dar el chivatazo en cuanto se dan cuenta de que no han ido a clase dos días seguidos...

Tal es así en la Universidad que, en muchos casos, los exámenes no los ponen ni los corrigen los profesores que dan clase a los distintos grupos de alumnos, sino que los establece directamente la «cátedra» para todos ellos. Cátedra que, muy posiblemente, no entrará en contacto con los alumnos en toda la carrera.

Sin embargo, a la mayor parte de los estudiantes con espíritu «universitario» —ya todos unos «señores»— el no tener a sus profesores siempre pendientes de ellos, mangoneándoles la vida a todas horas, no sólo no les molesta lo más mínimo, sino que incluso sienten un enorme alivio. Notan que, por primera vez en su vida académica, se les trata como «personas» y no sólo como alumnos.

En tercer lugar: el **número de asignaturas distintas que suele haber por curso en las enseñanzas pre-universitarias es, normalmente, muy superior al de cualquier carrera universitaria** (sobre todo en Derecho...). Y cuantas menos asignaturas, mayor es su valor.

Además, en la Universidad al alumno se le marea mucho menos con «controles», «deberes para hacer en casa», «ejercicios», «evaluaciones», «recuperaciones» y demás zarandajas, que al sufrido estudiante de secundaria. Queda mucho más tiempo libre disponible para que el estudiante «lo llene» como desee (o «vacíe» sin darse cuenta...).

El estudiante universitario disfruta de mucha más libertad que el bachiller. Puede organizar su tiempo de estudio y auto-programar sus propias actividades de un modo más personal. Y si no es capaz de hacerlo, lo lleva claro.

En cuarto y último lugar: raro es el profesor de Educación Básica o Enseñanzas Medias que no emplea en sus clases (o, al menos, recomienda a sus alumnos) **un libro de texto concreto por**

asignatura. Y con él, toda la clase estudia contenidos organizados por temas, ilustrados a todo color, complementados con resúmenes, gráficos explicativos, ejercicios para aplicar la teoría, etc.

Es indudable que este sistema tiene sus ventajas, pero el alumno que se apega demasiado a él, puede después tener graves dificultades, sobre todo cuando llegue a la Universidad y sus profesores no le recomienden ningún libro de texto concreto (salvo los que han publicado sus propios apuntes), sino amplísimas listas bibliográficas para quien quiera «profundizar» en cada tema que se vaya explicando, y otras tantas listas para prepararse «por libre» los temas que el profesor no tiene tiempo de tratar y deja a la iniciativa de cada alumno...

Causas más frecuentes del fracaso universitario

Las causas de que un universitario abandone bruscamente sus estudios, dejando a medias su carrera, son muchas y muy variadas, pero por si te interesa ir bien preparado a tan audaz aventura, puede que te resulte útil saber que las causas por las que más universitarios fracasan en sus estudios son fundamentalmente dos: **la mala elección de carrera y el no ser capaces de organizarse por su cuenta.**

Cuando pregunto a mis alumnos que cursan el último año de Bachillerato: «¿Qué pensáis estudiar cuando terminéis?», la mayoría me mira entre divertido y sorprendido. Unos pensando: «Espérate que aprobemos el curso y luego ya lo pensaremos...», y otros con cara de «no me preguntes por un futuro tan lejano e incierto, que me entran vértigos...».

Mientras dura la Enseñanza Media, los alumnos tienen tanto que estudiar, que no les queda tiempo para preguntarse con un mínimo de seriedad: «¿Qué me gustaría estudiar después?», y mucho menos para «investigarlo» con cierto rigor. Al final, en junio, recién terminado el Bachillerato, se encuentran de sopetón ante la necesidad urgente de decidirlo y, entonces, lo hacen sin apenas pensarlo, «ar mogollón», precipitadamente. Pues bien. Quien entra en la Universidad a tropezones, no dura mucho sin caerse de bruces...

Otros estudiantes están tan presionados por sus padres, familiares o amigos (que al parecer saben perfectamente cuál es la carrera con más futuro y más salidas del mercado vocacional...), que apenas se atreven a insinuar discretamente su verdadera vocación. Y, por no enfrentarse, se convencen a sí mismos de que les gusta lo que, en realidad, no les atrae en absoluto.

Al empezar la carrera van descubriendo que **lo que a uno no le atrae, tampoco le interesa. Y lo que no interesa estudiar, resulta enormemente difícil.** Los estudios se les vuelven tan cuesta arriba que terminan por abandonar la carrera a medias, dando el disgusto en casa. O por seguir y seguir trabajosamente en algo que cada vez odian más y que, al fin, terminan «por derribo» (cinco años después que el resto de sus compañeros...).

Por último, los hay que, aunque tienen más o menos claro lo que quisieran estudiar, hay algún impedimento «burocrático» que se lo impide. Por ejemplo, la nota sacada en las pruebas de acceso a la Universidad.

En muchas carreras de gran demanda y pocas plazas, a quien no le llega la nota se queda con las ganas y, sin comerlo ni beberlo, se ve matriculado en otra carrera más o menos de la misma área, pero que probablemente no tenga nada que ver con su verdadera vocación profesional.

No es raro ver cómo muchos de estos alumnos, al terminar el primer curso de la carrera que han sido obligados a cursar, se cambian a otra, y siguen estudiando segundo en la que realmente les gusta. ¡Dichosos ellos! Pues más vale tarde que nunca...

El segundo motivo por el que tantos y tantos estudiantes universitarios abandonan sus estudios, contribuyendo a hinchar los porcentajes de fracasados escolares, **es el no saber organizarse.**

Al llegar a la Universidad, muchos alumnos «primerizos» sienten tal abandono por parte del profesorado (que no se digna «dictarles» los apuntes, ni «pasar lista» para controlar su asistencia a clase, ni «revisarles de vez en cuando los cuadernos», ni tan siquiera «sacarlos a la pizarra» alguna vez para controlar sus progresos...), que se angustian, se ponen nerviosos, les da vértigo y mareos, por no querer aceptar la dura labor de decidir qué es lo verdaderamente aprovechable de todo lo que el profesor cuenta en clase, fijar un horario de estudio concreto para todo el año, proponerse metas progresivas de aprendizaje y sistemas de auto-control personal de los propios logros, antes de que llegue el final de curso y hayan de examinarse de todo a la vez... Es decir: **no quieren asumir el que**

a partir de ahora tienen que dirigirse a sí mismos.

Estos alumnos suscitan la hilaridad y el carcajeo de otra «especie». La formada por aquellos que, alucinados por la maravillosa experiencia de vivir a sus anchas sin que nadie los controle, **se lanzan desenfrenadamente al disfrute de la dulce y cálida libertad.** Se apuntan a todo tipo de actividades culturales, deportivas, artísticas (y a jugar al «mus» en el bar). Y, aparte de las clases (a las que van de vez en cuando, cuando se sienten «inspirados»), dejan el pesado y monótono estudio de todos los días para cuando llegue mayo...

No es de extrañar que cuando, de pronto, llega, se dan el primer susto, les entran las prisas agónicas, suplican por doquier que alguien les deje los apuntes de todo el curso, se angustian al verle tan grandes y peludas las orejas al lobo, y caen en la crisis existencial o, peor aún, en el suicidio...

¡BIENAVENTURADOS LOS ALUMNOS QUE TUVIERON LA ENORME SUERTE DE APRENDER, DURANTE LA ENSEÑANZA MEDIA, A DIRIGIRSE A SÍ MISMOS! PORQUE SÓLO AQUELLOS QUE SEPAN ORGANIZAR RESPONSABLEMENTE SU PROPIA LIBERTAD, SERÁN CAPACES DE SACARLE TODO EL PARTIDO.

Se convertirán, en definitiva, en verdaderos universitarios y obtendrán un rotundo éxito en sus estudios.

EN RESUMEN:

COLEGIO ≠ UNIVERSIDAD

Aunque la educación constituye un todo continuo, existe una gran diferencia entre los estudios universitarios y los propios de colegios e institutos.

La finalidad propia de la Educación Básica y Media es dotar a los alumnos de «cultura general». Mientras que en la Universidad los estudios son **mucho más especializados.**

Los profesores de colegios e institutos son más «educadores» y «orientadores» de sus alumnos. En cambio, **los universitarios son más «conferenciantes» e «investigadores».**

En la Universidad se «marea» a los alumnos mucho menos con asignaturas, controles, evaluaciones, etc. **Cada cual tiene mayor autonomía** para estudiar por su cuenta, o perder el tiempo sin que nadie le controle.

Los profesores universitarios **no suelen emplear libros de texto** para sus clases, sino que recomiendan diversa bibliografía para preparar cada uno de los temas.

CAUSAS DEL FRACASO UNIVERSITARIO

Las causas más frecuentes por las que un universitario deja a medias sus estudios son dos: la **mala elección de carrera** y la **incapacidad de organizarse por su cuenta.**

Muchos eligen precipitadamente la carrera, pues no se paran a pensarlo hasta que terminan el Bachillerato. Otros «eligen», presionados por sus padres o amigos, una carrera que en realidad no les gusta. Y otros muchos se ven obligados a matricularse en otra, porque su expediente académico no les permite elegir la que quieren.

Muchos fracasan por no saber organizar ni su actividad, ni su tiempo libre. Unos, acostumbrados al paternalismo del profesorado de colegios e institutos, se sienten tan «desamparados» en la Universidad, que son incapaces de estudiar de un modo personal, sin que les marquen diariamente la tarea. Otros se lanzan desenfrenadamente al disfrute de la nueva libertad y no pegan ni golpe.

¡Bienaventurados los que tuvieron la gran suerte de aprender, durante la Enseñanza Media, a dirigirse a sí mismos, aprovechando el presente al máximo! Pues sólo esos serán capaces de sacarle todo el partido a su propia libertad universitaria.

CAPÍTULO X

CÓMO DETECTAR LOS PROPIOS FALLOS Y CORREGIRLOS

¿Para qué sirve este auto-test?

Si de verdad quieres «curarte», primero tienes que averiguar de qué pie cojeas... Y, para averiguarlo, te puede resultar muy útil contestar al cuestionario orientativo que tienes a continuación.

Te aconsejo que vayas contestando a las 90 preguntas con un lápiz, o en un papel aparte. De este modo, cuando pase un tiempo considerable, podrás volver a hacerlo y comparar si tus Técnicas de Estudio van, en general, mejorando o empeorando.

Una vez hecho el auto-test por primera vez, puede que llegues a la «sabia» conclusión de que tu método de estudio es bastante malo. No se trata de que te deprimas y dejes tus estudios, sino justamente de lo contrario.

Es preciso que no te dejes llevar por la imaginación ni por esos buenos propósitos que todos tenemos, tan generales y «difusos» que es imposible cumplirlos, y enseguida los olvidamos.

Tú, por el contrario, **procura concretar con**

realismo, tanto los hábitos que te perjudican como
el modo de cambiarlos. Para eso, **primero tienes
que «auto-diagnosticarte»,** intentando averiguar
en qué puntos concretos fallas y por qué. Pues **sólo
así podrás, a continuación, «auto-recetarte»,**
algo que te conviene practicar desde ahora, para
ir, progresivamente, debilitando y destruyendo el
«virus» que le está quitando la eficacia a tu esfuerzo de estudio.

Por eso, te recomiendo que, en cuanto respondas
al cuestionario, compares, por separado, las respuestas que has dado en **cada uno de los cuatro
apartados** que lo componen; es posible que descubras, así, por cuál de ellos tienes que empezar a
corregirte y cuáles puedes dejar para más adelante.

De todos modos, no vayas a pensar que este sencillo cuestionario que viene a continuación te va a
decir exactamente cómo es tu actual método de
estudio. Para averiguarlo existen tests muchísimo
más completos y complicados, que emplean los pedagogos y los psicólogos en sus consultas.

Este auto-test está diseñado simplemente para
que cualquier estudiante que quiera saber, más o
menos, si su manera de estudiar es la adecuada,
tenga un instrumento útil y sencillo a mano
para averiguarlo, sin necesidad de tener conocimientos especiales de Psicología.

Como las condiciones en que te auto-chequees
con este cuestionario pueden variar de un día para
otro (según tu variable estado de ánimo, tu salud
o, simplemente, la «impresión» que te ha produ-
cido el último boletín de notas...), es recomendable
que procures contestarlo un día normal y corriente,
en un momento que goces de tranquilidad. (Ni

hundido en la miseria, ni exultando de júbilo...)
Así, tus respuestas serán más objetivas y, lógicamente, las conclusiones a las que llegues, más precisas.

Te recomiendo que **compares los resultados**
obtenidos en el auto-test con los de tus amigos,
compañeros de clase o de colegio. No para que te
consueles con eso de «mal de muchos, consuelo de
mediocres» (ni para que saques la errónea conclusión de que hay tantos compañeros más listos que
tú, y tantos otros más torpes...), sino **para que te
sirva esto de base para contrastar los diferen-
tes modos que hay de hacer las cosas;** así como
los resultados obtenidos cuando se hacen de tal o
cual manera.

Y, por último, un consejo: cuando contestes al
cuestionario, hazlo diciendo **qué es lo que normalmente haces, no lo que te gustaría hacer...**
Pues, si no, no te servirá de nada.

Auto-test de hábitos de estudio

Para que este auto-test te sea realmente útil es
imprescindible que seas sincero contigo mismo (con
tu madre, no hace falta...).

I. ¿Me motiva e interesa el estudio?

1. En general, el número de asignaturas que me
   parecen «un rollo» ¿son más que las que me
   gustan?

2. ¿A menudo pienso que lo que estudio no tiene ningún interés para mi vida?

3. ¿Suelo dedicarme más a las asignaturas que más me gustan?

4. ¿Tengo la sensación de que los profesores prefieren que saque buenas notas para no tener que suspenderme?

5. Cuando estudio, ¿combino lo difícil con lo fácil?

6. ¿Pierdo mucho tiempo de estudio por culpa de mis diversiones, deportes o amigos?

7. ¿Pienso de vez en cuando en cuáles son mis principales defectos para poder corregirlos cuanto antes?

8. ¿Tengo la suficiente fuerza de voluntad como para dejar de ver la tele y ponerme a estudiar?

9. ¿A veces me pongo a curiosear en los libros, para ver de qué tratan los temas que aún no hemos estudiado en clase?

10. ¿Suelo hablar con mis amigos de los temas «interesantes» que hemos tratado en clase?

11. ¿Prefiero que me regalen tebeos o novelas, que libros de literatura o revistas de interés científico?

12. ¿Me molesta mucho que otra persona «me examine» y tenga que demostrarle lo que sé, para que me apruebe?

13. ¿Me gustaría ser un día famoso por mi sabiduría, más que por mi dinero o mi aspecto físico?

14. ¿Prefiero que mis amigos sean simpáticos y divertidos, aunque no estudien ni me animen a estudiar?

15. Cuando ya sé lo suficiente como para aprobar, ¿prefiero dejar de estudiar para hacer otra cosa que me apetezca más?

16. Cuando hojeo algún periódico, ¿no me conformo con ver los titulares, sino que suelo leer algún artículo que me parece más interesante?

17. ¿Como o duermo mal cuando veo que se acerca la fecha de los exámenes?

18. Aparte de sacar buenas notas, ¿tengo algún otro motivo que me ayuda a estudiar con ilusión?

19. ¿Mis familiares me felicitan cuando saco buenas notas y se preocupan cuando suspendo?

20. Cuando se me ocurre alguna pregunta en clase, ¿me pongo tan nervioso que prefiero no preguntar?

II. ¿Tengo medios y buen ambiente para el estudio?

21. ¿Tengo un cuaderno o apartado de mi carpeta para cada asignatura?

22. ¿Cada día tengo un horario de estudio distinto?

23. ¿Estudio con la radio puesta para no aburrirme tanto?

24. Sobre la mesa de estudio ¿tengo normalmente cosas que pueden distraerme?

25. ¿Estudio tumbado en la cama, o sentado cómodamente en un sillón?

26. ¿En mi casa hay, normalmente, tanto ruido que me cuesta mucho concentrarme?

27. ¿Es normal que cuando me pongo a estudiar alguien me interrumpa para pedirme algo, porque me llaman por teléfono, o para coger algo de mi habitación?

28. ¿Me cuesta mucho convencer a mis padres de que me den dinero para comprar libros o el material escolar que necesito?

29. Siempre que estudio, ¿tengo a mano un diccionario para consultar las palabras que no entiendo?

30. ¿Tengo verdaderos problemas familiares, económicos, de salud, etc., que impiden que me concentre en el estudio?

31. ¿Me gusta el lugar donde estudio a diario?

32. Normalmente, ¿tengo que cuidar a mis hermanos pequeños, atender el teléfono, o alguna otra obligación mientras estudio en casa?

33. ¿Tengo en casa muchas cosas a las que me encantaría dedicarme en vez de ponerme a estudiar?

34. Normalmente, ¿fumo cuando me pongo a estudiar?

35. ¿Estudio en un lugar bien ventilado y a una temperatura agradable?

36. ¿Tengo pinturas, rotuladores, reglas y material adecuado para subrayar, rotular títulos o hacer portadas artísticas a mis trabajos?

37. ¿Estudio en una mesa y una silla proporcionadas a mi tamaño y con buena iluminación?

38. ¿Me suelo marear o se me nubla la vista cuando estoy un rato leyendo?

39. ¿Dispongo de un ordenador o máquina de escribir para mecanografiar mis trabajos antes de presentarlos?

40. ¿Dedico más tiempo a procesar textos, hacer gráficos o resúmenes en mi ordenador personal que a «estudiar»?

III. ¿Aprovecho bien las clases?

41. ¿De vez en cuando tengo que pedir a mis compañeros bolígrafo o papel para tomar apuntes?

42. Antes de cada clase, ¿miro por encima de qué trató la anterior?

43. Desde el sitio que ocupo en clase, ¿oigo y veo perfectamente lo que dice el profesor y pone en la pizarra?

44. Cuando tomo apuntes, ¿procuro escribir todo lo que dice el profesor aunque no lo entienda?

45. Si en algún momento no entiendo lo que está explicando, ¿levanto la mano y pregunto mis dudas?

46. ¿Me cuesta mucho distinguir lo principal de lo secundario?

47. ¿Me parece imposible tomar apuntes en clase con rapidez y claridad, sin dejarme nada esencial, y directamente a limpio?

48. ¿Me entero bien de qué hay que hacer exactamente, antes de empezar mis trabajos?

49. ¿Suelo estar en clase casi tumbado en la silla, o sobre la mesa, para no cansarme tanto?

50. Normalmente, ¿aprendo mucho más en casa que en clase?

51. ¿Suelo participar activamente en la clase, por mi propia iniciativa?

52. ¿Mis compañeros de clase me suelen distraer mucho?

53. ¿Creo que algunos de mis profesores son «insufribles» y es imposible aprender con ellos?

54. Cuando me pregunta el profesor, ¿me suele pillar pensando en otra cosa?

55. Cuando un profesor me pone una mala nota o me echa la bronca en clase, ¿procuro «hacer méritos» para que mejore mi imagen ante él?

56. Si me dejan, ¿prefiero sentarme al final de la clase?

57. Cuando el profesor me pregunta algo en clase, ¿me cuesta mucho recordar lo que sé, y expresarlo con claridad?

58. ¿Suelo llegar tarde a clase?

59. En los exámenes, ¿contesto primero a lo que mejor sé?

60. ¿Comienzo a escribir rápidamente, sin perder tiempo en leer detenidamente las preguntas, o en pensar un esquema a seguir en las respuestas?

61. ¿Procuro poner todo lo que sé, aunque haga mala letra o me exprese incorrectamente?

62. ¿Pienso a menudo que me dan muy poco tiempo para contestar a tantas preguntas?

63. Con las prisas, ¿me equivoco y tacho con frecuencia y se me olvidan los márgenes?

64. Antes de entregar mis exámenes, ¿los repaso bien?

65. Cuando termino de hacer un examen, ¿compruebo en qué he fallado y me lo aprendo para no volver a cometer los mismos errores?

IV. ¿Aprovecho mis horas de estudio en casa?

66. ¿Llevo al día cada asignatura, para no tener que estudiar deprisa y corriendo cuando llegan los exámenes?

67. Al principio del curso, ¿leo los índices de todas las asignaturas, para ver de qué va a tratar cada una?

68. ¿Paso en casa los apuntes a limpio?

69. ¿Me suelo quedar en la víspera del examen, por la noche, a estudiar hasta muy tarde?

70. Cuando me pongo a estudiar, ¿suelo estar mucho tiempo seguido, sin descansos intermedios?

71. Para descansar entre rato y rato de estudio, ¿suelo ver un poco la tele o leer algo entretenido?

72. Cuando no entiendo algo, ¿lo apunto para preguntárselo al profesor en clase?

73. Mientras estudio mis apuntes, ¿voy subrayando lo principal para que destaque sobre lo demás?

74. ¿Me propongo una meta concreta para cada rato de estudio?

75. ¿Consulto en el diccionario las palabras que no entiendo?

76. ¿Relaciono lo que quiero aprender con lo que ya sabía, sin pasar a otra cosa antes de entender la anterior?

77. ¿Me hago resúmenes de cada tema, en folio aparte?

78. ¿Me cuesta mucho encontrar el orden en que están las ideas principales para hacer esquemas?

79. ¿Procuro entenderlo todo bien y memorizar solamente lo esencial, empleando mis resúmenes y esquemas?

80. Cuando tengo que memorizar algo, ¿procuro hacerlo relacionándolo con otras cosas y no repitiéndolo mil veces?

81. ¿Cuido la estética al presentar mis trabajos?

82. ¿Los presento sin esperar al último día del plazo?

83. ¿Procuro repasar la materia con algún familiar o compañero de clase la víspera del examen?

84. ¿Tengo la costumbre de leer siempre muy despacio para entender mejor lo que leo?

85. Cuando estudio, ¿suelo saltarme los gráficos, dibujos, recuadros ilustrativos y lo que está en letra pequeña?

86. ¿Procuro completar lo que viene en mis apuntes y libros de texto, consultando otros libros?

87. ¿Creo que mi modo de estudiar no es eficaz?

88. ¿Creo que la idea que se hacen de mí los profesores, viendo los trabajos que les presento, influye bastante en la nota final?

89. ¿Suelo aprenderme (entender y memorizar) las fórmulas, antes de aplicarlas para resolver problemas?

90. ¿Tengo un horario de estudio eficaz y «realista»?

Cómo corregir el auto-test

Contrasta tus respuestas con éstas:

I

1. NO	6. NO	11. NO	16. SÍ
2. NO	7. SÍ	12. NO	17. NO
3. NO	8. SÍ	13. SÍ	18. SÍ
4. SÍ	9. SÍ	14. NO	19. SÍ
5. SÍ	10. SÍ	15. NO	20. NO

II

21. SÍ	26. NO	31. SÍ	36. SÍ
22. NO	27. NO	32. NO	37. SÍ
23. NO	28. NO	33. NO	38. NO
24. NO	29. SÍ	34. NO	39. SÍ
25. NO	30. NO	35. SÍ	40. NO

III

41. NO	46. NO	51. SÍ	56. NO	61. NO
42. SÍ	47. NO	52. NO	57. NO	62. NO
43. SÍ	48. SÍ	53. NO	58. NO	63. NO
44. NO	49. NO	54. NO	59. SÍ	64. SÍ
45. SÍ	50. NO	55. SÍ	60. NO	65. SÍ

IV

66. SÍ	71. NO	76. SÍ	81. SÍ	86. SÍ
67. SÍ	72. SÍ	77. SÍ	82. SÍ	87. NO
68. NO	73. SÍ	78. NO	83. SÍ	88. SÍ
69. NO	74. SÍ	79. SÍ	84. NO	89. SÍ
70. NO	75. SÍ	80. SÍ	85. NO	90. SÍ

Valoración general de los resultados

Si quieres saber lo eficaz que es el método de estudio que normalmente empleas, averigua cuántas de tus respuestas coinciden con las anteriores.

De 90 a 75: muy bien. Si realmente has contestado con sinceridad, puedes estar orgulloso, pues tienes un método de estudio excelente. Seguro que no tienes muchos problemas en el estudio.

De 74 a 65: bien. Tu método de estudio es bastante bueno, pero aún puedes mejorarlo y sacar mejores resultados con menos esfuerzo. ¡Ánimo, que vas por buen camino!

De 64 a 45: regular. Tu método de estudio no funciona. Te conviene cambiar, cuanto antes, unos cuantos hábitos que te perjudican. Si lo consigues, verás cómo te esfuerzas menos y sacas mucho más.

De 44 a 30: mal. Reconoce que, o no tienes método alguno, o tu método es fatal. Pero no te desanimes. Descubre qué hábitos te conviene empezar a cambiar y ponte en marcha. Si no, tarde o temprano fracasarás en los estudios.

De 29 a 0: muy mal. Vas en dirección equivocada. Tu modo de estudiar es malísimo y, lógicamente, te tiene que dar enormes quebraderos de cabeza. Mucho esfuerzo y muy pocos frutos. Te conviene empezar a hacer justo lo contrario de lo que normalmente haces. Pero no hace falta ser Superman para conseguirlo. Yo era como tú, y aquí me ves, escribiendo libros...

Valoración por apartados

Si te interesa saber cuál es el apartado que más te perjudica, saca la cuenta de tus aciertos y mira en cuál de ellos tienes más fallos.

Un buen método de estudio es como una «soga» de esas tan gordas que sujetan los barcos al puerto para que no se vayan.

Así como las sogas están hechas de cuerdas trenzadas entre sí, y cada cuerda no es más que un puñado de hilillos bien apretados unos con otros, lo mismo pasa con un buen método de estudio.

> UN BUEN MÉTODO DE ESTUDIO ES EL CONJUNTO, BIEN MEZCLADO, DE MUCHAS TÉCNICAS PARA HACER LAS COSAS DEL MODO MÁS CONVENIENTE POSIBLE (EFICAZMENTE Y CON EL MÍNIMO ESFUERZO).

Si analizamos una sola de las técnicas, no parece que tenga gran valor ni que sea imprescindible para estudiar. Es como un hilillo de la soga, separado del resto. No es ni muy resistente, ni demasiado valioso... Pero si vamos cortando hilo a hilo porque, sacados del conjunto, parecen despreciables, nos quedamos, sin darnos cuenta, sin soga...

Quien mira escépticamente cada una de las técnicas que los pedagogos indican para tener más eficacia en el estudio y las va descartando por parecerle que no son tan importantes, sin darse cuenta se queda sin un buen método de estudio. Se esfuerza enormemente, pero nada le sale como debiera.

El dejar márgenes, escribir con claridad, repasar los exámenes al final, hacerse un horario realista, pensar antes de escribir, coger buenos apuntes, tener una mesa de estudio adecuada, hacerse esquemas y resúmenes, etc., no son técnicas imprescindibles para aprender y sacar buenas notas, pero practicadas «en conjunto» son enormemente eficaces.

Así pues, **te conviene averiguar en qué apartados andas más «flojo» para, acto seguido, proponerte una meta concreta que te ayude a mejorarlos, practicando día a día. Este es el único modo eficaz de mejorar tu modo de estudiar.** Si te conformas con leer por encima este libro que tienes entre manos para ver si sacas alguna idea que te pueda servir, estás perdiendo miserablemente el tiempo. Es como el que pretende aprender a jugar al baloncesto hojeando un libro para ver si mejora su técnica de meter canastas...

Este libro te puede servir para aprender modos eficaces de estudiar. Pero si no los pones en práctica día a día, su lectura no te habrá servido de nada.

① ¿Me motiva e interesa el estudio?
(20 cuestiones)

De 20 a 15: mucho. Parece que estás suficientemente motivado por el estudio. Procura conservar la ilusión por aprender y por sacar buenos rendimientos académicos. Y ten cuidado, pues es tan fácil motivarse como «desmotivarse» de repente...

De 14 a 10: regular. Estás rozando los límites del estudio sin ganas. Ten cuidado porque puedes amanecer un día convencido de que estudiar es perder el tiempo y echarlo todo a perder.

De 9 a 6: poco. La verdad es que eso de estudiar no parece que te interese demasiado. Es posible que incluso ya estés pensando en dejar los estudios. ¡No te desanimes! Cuando las nubes se retiran, suele brillar el sol mucho más que antes. Lo que te interesa encontrar rápidamente es un motivo «fuerte» por el que merezca la pena tu esfuerzo. Si consigues un par de éxitos académicos es muy posible que te animes...

De 5 a 0: nada. No es que estudiar te guste más o menos, sino que no te gusta en absoluto. Tu desmotivación es total. Lo curioso es que aún sigas estudiando. Puede que, en realidad, no hayas contestado correctamente al cuestionario, o que tengas alguna motivación oculta que desconoces incluso tú mismo. Pero lo más normal es que estés deseando dejar los estudios y tan sólo esperas un motivo para hacerlo. ¡Ten cuidado, no vayas a arrepentirte algún día!

 ¿Tengo medios y buen ambiente para el estudio?
(20 cuestiones)

De 20 a 15: todos los necesarios. No te puedes quejar por falta de medios o de apoyo moral. Si no rindes lo suficiente, será por otros motivos. Averígualos y busca la solución más adecuada.

De 14 a 10: los suficientes. Es una pena que por falta de medios materiales algunos estudiantes rindan menos de lo que pueden. Si descubres qué herramientas te faltan para desempeñar con la máxima eficacia tu trabajo, procura agenciártelas cuanto antes.

De 9 a 6: insuficientes. Sin las herramientas adecuadas no se puede trabajar eficazmente. O procuras adecuar tus medios y cambiar de ambiente, o seguirás teniendo graves problemas para estudiar.

De 5 a 0: en absoluto. Al parecer, pretendes algo así como arreglar el motor de un coche o segar el trigo con las manos, sin herramienta alguna. Pues, ya va siendo hora de que sepas (o les digas a tus padres), que sin bolígrafo es dificilísimo escribir; sin silencio, estudiar, y sin una mesa adecuada, conservar la columna vertebral intacta...

③ **¿Aprovecho bien las clases?**
(25 cuestiones)

De 25 a 18: muy bien. Tu comportamiento en clase es ejemplar. Si todos mis alumnos fueran como tú, sería el profesor más feliz del mundo. Porque les explicaría un montón de cosas y ellos las aprenderían directamente en clase, sin apenas estudiar nada por su cuenta.

De 17 a 12: regular. La verdad es que le sacas

bastante jugo al puñado de horas que estás todos los días en clase. Pero aún puedes sacar mucho más. ¡Aprovéchate de los profesores! ¿No ves que lo están deseando?

De 11 a 8: bastante mal. Todo el tiempo que pierdes en clase por estar mal situado, o distraído, por no atender, no participar en las actividades que propone el profesor, no tomar bien los apuntes, etc., tendrás que recuperarlo en casa, a fuerza de codos. Averigua qué es lo que haces mal y procura empezar, desde ya, a cambiarlo.

De 7 a 0: nada en absoluto. La verdad es que para ti la clase debe ser algo así como un tormento que soportas, día a día, con resignación, o como un entretenimiento al que vas a pasar el rato. Si no quieres seguir perdiendo tu tiempo y el de los demás, te conviene muchísimo cambiar radicalmente de comportamiento en clase.

④ **¿Aprovecho mis horas de estudio en casa?**
(25 cuestiones)

De 25 a 18: muchísimo. Si has sido sincero, te felicito. Porque tú sí que sabes aprovechar bien el tiempo. De todos modos, mira a ver si, aun y todo, tienes algo que corregir. Piensa que siempre se pueden hacer las cosas con más eficacia y menos esfuerzo. Y el que ahorres lo puedes dedicar a otra actividad que te interese.

De 17 a 12: lo justo. Puedes mejorar bastante en la organización y aprovechamiento de tus horas de estudio. Averigua qué es lo que no te deja rendir al máximo y cámbialo si puedes. Verás cómo mejora tu aprendizaje y tus notas.

De 11 a 8: poco. No te organizas bien. Pierdes demasiado el tiempo y esto te puede acarrear graves inconvenientes. Si te acostumbras a estudiar como lo vienes haciendo, cosecharás muchísimo menos de lo que siembras y, tarde o temprano, te cansarás y lo echarás todo por la borda.

De 7 a 0: nada en absoluto. Sin estudio personal es imposible aprender y tener éxito académico. O cambias radicalmente tu modo de perder el tiempo cuando «dices» que te vas a poner a estudiar, o lo vas a pasar muy mal si continúas por esos derroteros.

CONCLUSIÓN

Si has sido capaz de leer todo hasta aquí, ¡enhorabuena!, **ya has dado el primer paso,** pues te habrás dado cuenta de que las Técnicas de Estudio no son más que un compendio de normas de lo más obvio y evidente que uno se puede imaginar.

En el tema de sacarle el máximo partido al esfuerzo intelectual, no hay ningún misterio. **Todo es cuestión de tener un buen método** (palabra que en griego significa «camino a seguir»).

Quien va fuera del camino, no llega antes a su destino, por mucho que corra y se esfuerce. Y lo más probable es que, al menor descuido, se rompa una pierna y no pueda seguir... Como has podido ver en este libro, no es cuestión de correr mucho, ni de dedicarle la tira de horas. **Lo que verdaderamente importa es aprovechar racionalmente el esfuerzo,** sacándole el máximo jugo posible. Es decir, «viviendo cada momento en el presente, con toda intensidad». Cuando leas, céntrate por entero en la lectura. Cuando te diviertas, hazlo a tope. Cuando vayas al cine, métete de lleno en la película. Y cuando te pongas a estudiar, hazlo como si el examen lo tuvieras inmediatamente después, dejándote de fantasías sobre el pasado, que ya no volverá, y el futuro, que no sabes si llegará algún día...

Todo lo que realmente merece la pena en esta vida, requiere esfuerzo. Pero quien se esfuerza primero, a la larga se esfuerza mucho menos que quien no quiere hacer ese primer esfuerzo...

Mi papel ha terminado. **Ahora te toca a ti...**

APÉNDICES

Cómo utilizar este libro para enseñar Técnicas de Estudio a tus alumnos

(Para Tutores y Orientadores)

Si eres tutor de algún grupo de alumnos, trabajas en el Departamento de Orientación de tu centro de estudios o, simplemente, te preocupa eso de ayudar a los demás a conseguir en el estudio más rendimiento con menos esfuerzo; es decir, **si quieres enseñar a tus alumnos Técnicas de Estudio, puede que te resulte útil echar un vistazo a este capítulo.**

Es una realidad reconocida por todos los que nos dedicamos al bello arte de la enseñanza, que **una de las causas principales por las que nuestros alumnos fracasan en el estudio es su modo chapucero de hacer las cosas.**

Quien no sabe tomar apuntes en clase, ni entresacar la idea esencial de un texto determinado, ni hacer un esquema, ni organizar su estudio personal, etc., o viene al centro a perder el tiempo, simplemente porque se aburre en casa, o, si realmente le preocupa su rendimiento, lo pasa fatal.

Es verdad que hay muchos «estudiantes» de esos que ni tienen motivación alguna por el estudio, ni se dejan ayudar por nadie. «Pasan» de todo y de todos. Pero, sin embargo, otros **muchos están pidiendo a gritos que alguien les eche una mano** enseñándoles un modo eficaz de hacer las cosas. Es decir, de estudiar, para aprender y sacar mejores notas.

Puede que quieras echarles una mano y no sepas exactamente por dónde empezar. Pues bien, este librito puede servirte de excusa para hacerles uno de los mayores favores a tus alumnos: enseñarles a estudiar, a pensar y a organizarse eficazmente.

Como cualquier otra «herramienta», puedes emplear este libro que tienes entre manos de muchas maneras. Pero, por si te puede servir, te cuento lo que a mí me va mejor y vengo usando desde que me dedico a estos menesteres.

Primero, se trata de hacerles ver a tus alumnos que **no todos los modos de hacer las cosas son igual de eficaces.** Por tanto, no es válido eso de «estudiar de cualquier manera», o «como les apetezca», sino que lo más «racional» es hacerlo del modo más eficaz posible. No para añadir una nueva carga sobre sus espaldas, sino, por el contrario, para facilitarles la ardua tarea de estudiar, aprendiendo a sacarle el máximo jugo al propio esfuerzo. Y así, que quede energía sobrante para otras cosas...

En segundo lugar, puede resultar «conmovedor» **pasarles en clase el «auto-test»** que viene en el capítulo X. Para que cada cual caiga en la cuenta de qué tal es de eficaz el método que normalmente emplea para estudiar. Eso sí, insistiéndoles en que este cuestionario da unos resultados más o menos aproximativos a la realidad. Para que se hagan una idea general.

Convendría que algunos explicaran en voz alta cómo estudian, y por qué hacen las cosas de una determinada manera. Así, entre todos, podrás analizar qué ventajas e inconvenientes tienen sus «sistemas», y así poder compararlos entre sí y sacar conclusiones.

Luego, comenzar a leer uno por uno los capítulos del libro —todos en clase, o cada cual por su cuenta en casa—, dedicando, después de leídos, una sesión a cada uno para poder reflexionar, todos juntos, sobre las normas concretas que los «expertos» recomiendan, poniendo ejemplos para que las entiendan mejor, resolviendo pegas, etc.

Cuando se haya terminado de analizar lo que hace referencia a cada uno de los cuatro grandes apartados (motivación e interés, medios adecuados y ambiente, aprovechamiento de las clases y estudio personal en casa), **conviene que todos vuelvan a contestar a la parte correspondiente del «auto-test».** Para fijarse esta vez más en concreto en los fallos de cada uno, en todo lo referente a un área determinada del aprendizaje.

Vista la parte negativa, es fundamental no «regodearse» en ella, sino **pasar a la acción positiva y concreta para poner remedio cuanto antes a la problemática de cada cual.** Para eso es imprescindible que cada uno se plantee algún objetivo a lograr a corto y a largo plazo, para mejorar su método de estudio, y qué va a hacer en concreto para conseguirlo. Es posible que también se puedan plantear objetivos comunes para todo el grupo. Sobre todo en lo referente al mejor aprovechamiento de las clases.

Es muy importante que los profesores enseñemos a nuestros alumnos a «concretar», tanto sus objetivos, como las actividades encaminadas a lograrlos. Pues, si no, se quedarán en el fácil (e inútil) nivel de los «buenos propósitos» en general, que nadie cumple y se olvidan pronto.

Si al cabo de unos meses, los alumnos que verdaderamente han intentado estudiar de acuerdo con un «plan racional», vuelven a contestar al cuestionario, podrán evaluar por sí mismos su progreso en hábitos de estudio. Y, como es de esperar, también habrán notado una considerable mejora en sus calificaciones.

Por otra parte, es muy posible que te encuentres con alumnos para los que aún no ha llegado «su hora», y lo normal es que no te hagan ni caso. No por eso te tienes que preocupar demasiado. A veces es necesario que «recolecten una buena cosecha de calabazas», para que empiecen a preocuparse de verdad por mejorar su método de estudio.

Por eso, si tienes paciencia y no te olvidas de ellos, aunque parezca que ellos sí se olvidan de ti, en el fondo les estás transmitiendo una idea fundamental, que les quedará rondando por alguna esquina del «coco»: que **el éxito en el estudio tiene mucho que ver con el modo que tengan de estudiar.**

De vez en cuando, me encuentro por la calle con algún antiguo alumno de esos que, cuando les explicaba Técnicas de Estudio, no parecían especialmente interesados... Y sin embargo, años después, por distintos motivos se acordaron de mi librito, se lo estudiaron y lo pusieron en práctica con verdadero interés. Y ahora, cada vez que me ven por ahí, me lo recuerdan agradecidos y satisfechos de sí mismos.

En resumen: un libro no es más que un libro. Este que tienes en tus manos te puede servir **para explicar a tus alumnos lo fundamental en Técnicas de Estudio,** con claridad, orden y amenidad. También **para que se conozcan mejor a sí mismos** y se propongan objetivos concretos para mejorar su método. Por último, como «libro de cabecera» del estudiante, **para consultarlo de vez en cuando,** y no olvidar cómo se debe hacer esa cosa tan sencilla —aunque tantos compliquen sin necesidad— que todos llamamos «estudiar».

Hábitos beneficiosos para el estudio

Si quieres tener éxito en tus estudios,
y aprender con eficacia,
es fundamental que,
progresivamente,
aprendas a:

Atender: Mirar y escuchar al profesor sin distraerte.

Observar: Fijarte en detalles que casi nadie ha notado.

Concentrarse: «Centrarse» con verdadero interés en lo que se está haciendo: leer, resolver problemas, subrayar, redactar, etc.

Escuchar: Intentar entender las ideas, argumentos y opiniones ajenos sin tergiversar su sentido.

Entender: Comprender el significado de lo que ves, escuchas y lees.

Preguntar: Pedir aclaraciones al profesor, con educación y en el momento oportuno, sin interrumpir ni molestar.

Escribir: Poner las ideas por escrito con la caligrafía y ortografía suficientes como para ser descifradas sin problemas por otra persona.

Repetir: Volver a decir una idea sin cambiarle el sentido.

Reproducir: Copiar correctamente un texto, dibujo o esquema sin cambiar nada respecto del original.

Leer: Descifrar y entender el correcto significado de un texto, a una velocidad adecuada. Y ser capaz de hacerlo también en voz alta, con la entonación necesaria como para que los demás lo entiendan.

Identificar: Descubrir lo que se está buscando, de entre muchas otras cosas.

Entresacar: Descubrir lo verdaderamente importante.

Subrayar: Destacar con un trazo de color los datos e ideas principales de un texto.

Dibujar: Plasmar gráficamente la imagen de algo que tienes delante o que estás imaginando.

Analizar: Dividir lo complejo en sus componentes más simples, para entenderlo mejor.

Sintetizar: Englobar muchas ideas secundarias relacionadas en una sola de carácter más general.

Resumir: Reducir un extenso texto o discurso a breves ideas que expresen lo más importante.

Esquematizar: Estructurar simbólicamente las ideas «clave» de un texto o discurso.

Calcular: Resolver con precisión matemática problemas numéricos o espaciales.

Cuestionar: Plantear nuevos problemas a partir de lo aprendido.

Razonar: Extraer, con coherencia y rigor lógico, ideas nuevas a partir de las conocidas con anterioridad.

Deducir: Sacar consecuencias concretas de una afirmación general.

Inducir: Extraer una conclusión general a partir de observaciones más concretas.

Aplicar: Poner en práctica lo aprendido en teoría.

Relacionar: Descubrir lo que tienen en común cosas o ideas que en apariencia son totalmente distintas.

Distinguir: Separar con precisión las cosas que no son iguales.

Organizar: Planificar el trabajo a realizar por etapas, asignándole un tiempo a la ejecución de cada una.

Investigar: Buscar las fuentes adecuadas de información y aprovecharlas correctamente para conocer más a fondo un tema determinado.

Exponer: Comunicar las ideas a tus oyentes, con las palabras y los gestos más adecuados al tema y al auditorio.

Redactar: Expresar las ideas correctamente por escrito, sin dar lugar a equívocos y malas interpretaciones.

Argumentar: Fundamentar con razonamientos claros y convincentes las ideas y opiniones propias o ajenas.

Explicar: Aclarar el significado de algo más o menos confuso.

Dirimir: Distinguir lo «científico» de lo «opinable».

Respetar: Valorar las opiniones ajenas con espíritu crítico pero tolerante y libre de prejuicios.

Dialogar: Escuchar los argumentos ajenos y exponer los propios, con claridad, amabilidad y respeto.

Tolerar: Reconocer el derecho de los demás a pensar y expresar libremente sus opiniones, aunque sean contrarias a las nuestras y no nos convenzan en absoluto.

Criticar: Descubrir cuándo un argumento no es correcto, sino engañoso, por establecerse a partir de premisas falsas, ser incoherente o verdadero «a medias».

Rectificar: Aceptar con flexibilidad las ideas contrarias a las nuestras, cuando realmente sus argumentos nos parecen mejores.

Imaginar: Inventar nuevos argumentos, modelos explicativos o modos de resolver problemas.

Reflexionar: Descubrir los propios defectos y virtudes, a partir del resultado de nuestras acciones, y aprovechando las críticas ajenas.

Auto-corregir: Combatir con realismo, eficacia y constancia los propios defectos.

Madurar: Acostumbrarse a hacer siempre lo más conveniente, aunque no sea lo más apetecible.

Con dominar estos cuarenta y dos verbos, eso de estudiar está «chupao»...

Bibliografía de Técnicas de Estudio

ALLIPRANDI, J.: *Cómo superar los exámenes,* Barcelona, De Vecchi, 1972.

ATKINSON, J. W.: *Introduction to Motivation,* New York, Wiley, 1966.

AUSUBEL, D., y otros: *Psicología educativa. Un punto de vista cognoscitivo,* México, Trillas, 1983.

BANY, M., y JOHNSON, L.: *La dinámica del grupo en la educación,* México, Aguilar, 1975.

BAUTISTA, R., y otros: *Orientación e intervención educativa en Secundaria,* Málaga, Aljibe, 1992.

BALAGER, J.: *Técnica y práctica de la palabra en público,* Madrid, Paraninfo, 1970.

BLAY, A.: *Lectura rápida,* Barcelona, Iberia, 1971.

BONDEGGER, H.: *Intenta cultivar tu memoria,* Madrid, Studium, 1967.

BOSQUET, R.: *Cómo estudiar con provecho,* Madrid, Ibérico Europea de Ediciones, 1973.

BROWN, A., y SMILEY, S.: *The development of strategies for studying tests,* Child Development, 1978.

BROWN, W.: *Guía de estudio efectivo,* México, Trillas, 1975.

BROWN, W., y HOLTMAN, W.: *Guía para la supervivencia del estudiante,* México, Trillas, 1974.

BRUNET, J., y DEFALQUE, A.: *Técnicas de lectura eficaz,* Madrid, Bruño, 1989.

BUGELSKY, B. R.: *The Psychology of Learning Applied to Teaching;* trad. esp., Taller, 1974.

CASTILLO, G.: *Cómo ayudar a los hijos en el estudio,* Madrid, Sarpe, 1976.

CASTILLO, G.: *¿Sabemos aprender?,* Madrid, Prensa Española, 1976.

CASTILLO, G.: *La metodología del estudio en los centros educativos,* Pamplona, Eunsa, 1979.

CHICO, P.: *Sabes... quieres... puedes... estudiar,* Burgos, La Salle, 1981.

CLIFFORD, A.: *Los exámenes,* Barcelona, Oikos-Tau, 1968.

COLL-VINENT, R.: *Redacción y estilo,* Barcelona, Bibliograf., 1972.

COMES, P.: *Técnicas de expresión,* Barcelona, Oikos-Tau, 1974.

CONQUET, A.: *Cómo comunicar,* Madrid, Ibérico Europea de Ediciones, 1972.

CONQUET, A.: *Cómo leer mejor y más deprisa,* Madrid. Ibérico Europea de Ediciones, 1973.

CORZO, J.: *Técnicas de trabajo intelectual,* Salamanca, Anaya, 1972.

CORRIPIO, F.: *Curso práctico de lectura rápida,* Barcelona, Cedel, 1974.

DARTOIS, C.: *Cómo tomar notas,* Madrid, Ibérico Europea de ediciones, 1972.

DE PABLO, P., y otros: *Diseño del currículo en el aula. Una propuesta de autoafirmación,* Madrid, Mare Nostrum, 1992.

FERNÁNDEZ, P.: *La función tutorial,* Madrid, Castalia, 1991.

FERRY, G.: *El trabajo en grupo,* Barcelona, Fontanella, 1972.

FLORY, J.: *Sencillos consejos para estudiar,* Madrid, Studium, 1973.

GARCÍA HOZ, V.: *Técnicas de trabajo cooperativo en la enseñanza universitaria,* Madrid, Ins. pedagóg., CSIC, 1972.

GARCÍA, L., y CASTRO, J.: *Estrategias de estructuración en el estudio,* Canarias, Universidad de La Laguna, 1986.

GAUQUELIN, F.: *Aprender a aprender*, Bilbao, Mensajero, 1976.

GUINERY, M.: *Aprender a estudiar*, Barcelona, Fontanella, 1975.

HERNÁNDEZ, P.: *Diseñar y enseñar*, Madrid, Narcea-ICE, 1989.

HERNÁNDEZ, P., y GARCÍA, L.: *Psicología y enseñanza del estudio*, Pirámide.

HOLLEY, C., y DANSEREAU, D.: *Spatial Learning Strategies*, New York, Academic Press, 1984.

IBÁÑEZ, J.: *La nueva formación profesional*, Madrid, Fundación Universidad-Empresa, 1992.

IBÁÑEZ, P.: *Aprender a estudiar*, Valladolid, Lex Nova, 1975.

ILLUECA, L.: *Cómo enseñar a estudiar*, Madrid, Magisterio Español, 1975.

JAGOT, P.: *El arte de hablar bien y con persuasión*, Barcelona, Ibérica, 1973.

KORNHAUSER, A.: *El arte de aprender a estudiar*, Barcelona, Ibérica, 1972.

LA FOURCADE, P. D.: *Evaluación de los aprendizajes*, Buenos Aires, Kapelusz, 1969.

LASSO DE LA VEGA, J.: *El trabajo intelectual*, Madrid, Paraninfo, 1975.

LOWAR, L.: *Cómo desarrollar la memoria*, Barcelona, De Vecchi, 1971.

MADDOX, H.: *Cómo estudiar*, Barcelona, Oikos-Tau, 1973.

MARTÍN, G.: *Curso de redacción*, Madrid, Paraninfo, 1974.

MAYO, W. J.: *Cómo leer, estudiar y memorizar rápidamente*, Madrid, Playor, 1983.

MEENES, M.: *Cómo estudiar para aprender*, Buenos Aires, Paidós, 1965.

MILES, B.: *Aprendizaje del trabajo en grupos*, Buenos Aires, Troquel, 1955.

MIRA, E.: *Cómo estudiar y cómo aprender*, Buenos Aires, Kapelusz, 1953.

MORENO, J.: *El diseño curricular en el centro educativo*, Madrid, Alhambra-Logman, 1992.

MORGAN, C., y DEESE, J.: *Cómo estudiar*, Madrid, Magisterio Español, 1972.

PACHNER, F.: *Cómo explotar al máximo nuestras facultades*, Madrid, Magisterio Español, 1971.

PALLERO, S.: *La entrada en la Universidad. Instrumentos de aprendizaje universitario*, Madrid, Narcea, 1975.

PALLERO, S.: *Para los padres, por los hijos, sobre el estudio*, Madrid, Kent, 1985.

PRIETO, M.: *Modificabilidad cognitiva y P.E.I.*, Madrid, Bruño, 1989.

PUIGDELLIVOL, I.: *Programació d'aula i adequació curricular*, Barcelona, Graó, 1992.

RATHS, L., y otros: *Cómo enseñar a pensar*, Buenos Aires, Paidós, 1991.

RODRÍGUEZ, M.: *Aprender a tomar decisiones. Cuaderno del alumno*, Madrid, Ministerio de Educación y Ciencia, 1992.

ROUNIRÉE, D.: *Aprender a estudiar*, Barcelona, Herder, 1976.

SALAS, M.: *Técnicas de estudio para Enseñanzas Medias y Universidad*, Madrid, Alianza, 1990.

SÁNCHEZ, E.: *Procedimientos para instruir en la comprensión de textos*, Madrid, CIDE, Ministerio de Educación y Ciencia, 1989.

SCHALLERT, D.: *The role of illustrations in reading comprehension*, New Jersey, L. Erlbaum Assoc., 1980.

STATON, T.: *Cómo estudiar*, México, Trillas, 1967.

THARAX, J.: *Cómo evitar el sumenage y el agobio en el*

trabajo, Madrid, Ibérico Europea de Ediciones, 1970.

TOCQUET, R.: *Cómo desarrollar la atención y la memoria,* Madrid, Ibérico Europea de Ediciones, 1970.

TORT, A.: *Dinámica y técnica del estudio,* Madrid, ICCE, 1973.

THURSTONE, L.: *Primary Mental Abilities,* Chicago, University Press, 1938.

TULVING, E.: *Episodic and semantic memory,* New York, Academic Press, 1972.

VARIOS: *Curso de Orientación Universitaria,* Madrid, Playor, 1978.

VÁZQUEZ, G.: *Técnicas de trabajo en la Universidad,* Pamplona, Eunsa, 1975.

VENTURA, M.: *Actitudes, valores y normas en el currículo escolar,* Madrid, Escuela Española, 1992.

VIANA, T.: *Técnicas de estudio. Metodología para un estudio agradable y eficaz,* Valencia, Blázquez, 1991.

ZAINQUI, J. M.: *Cómo estudiar sin cansancio,* Barcelona, De Vecchi, 1973.

ZIELKE, W.: *Leer mejor y más rápido,* Bilbao, Deusto, 1973.

ESPASA
PRACTICO

TÍTULOS PUBLICADOS